U0539448

職場認真
32

# 用錢買快樂

找到自己最重視的價值，好好理財，穩穩投資，
財富就能幫你買到時間和快樂

# Buying Happiness

Learn to invest your time
and money better

Kate Campbell

凱特・坎貝爾——著　龐元媛——譯

# 國內、外理財投資專家好評

此書不僅可以激勵理財新手們盡早開始做出更明智的選擇，更能幫助每個人重新思考理財的目標及意義，找到真正快樂而圓滿的人生！

——愛瑞克 《內在成就》系列作者／TMBA共同創辦人

全書以實際的操作步驟，教你如何按部就班地建立完整的理財系統。作者也談了許多與人生哲理相關的理財作為。既實用又不艱澀，值得一讀。

——姚侑廷 姚侑廷的自學筆記版主

要怎麼規畫累積金錢，才能為自己換來更多的快樂？本書提供了很多具體可行的方法，很值得一讀。

——張遠 ffaarr投資理敗部落格版主

用錢買體驗，創造回憶，會比花錢買外在物質，擁有更加永恆的幸福！

我們沒辦法改變昨日的遺憾，但可以掌握明日的輸贏，《用錢買快樂》教你做出正確的判斷，就得在心中確立一個指標。

——清流君　財經 YouTuber

如何理好一塊錢比如何賺一塊錢更重要。這本書從心態、觀念出發，翻轉一般人認為「賺錢」即是目標的許多不正確觀念，讓人少走很多彎路，很值得一看。

——鄭詩翰　年輕人的投資夢社團版主

理財，其實理的是你的人生。金錢心理素質越好的人，把錢變成快樂的效率越高。這本書就是教你如何理財、理心，以及理出你的幸福。

——股市阿水　布林通道專職投資人

用閒錢持續參與市場，堅持一段時間，就能感受投資的魅力。

——李哲緯（鮪爸）《在交易的路上，與自己相遇》作者／交易心理教練

——股市小黑　財經作家

投資理財無需與他人比較財富累積快慢高低，但必須立即開始行動！如同運動前需要熱身一樣，本書適合新手學習投資理財，從零開始獲得相關正確的知識與觀念。

——股海小水手　股海小水手的航海投資日誌FB投資專頁主

懂得賺錢的人，眼界開闊；懂得存錢的人，自由追求理想生活；懂得花錢的人，體驗世界，創造成就。《用錢買快樂》正是讓我們全面掌握財務自由的理財指南。

——姿穎　退休的全職媽媽理財版主

我認同本書的基礎理財知識及價值觀，也推薦大家在理財投資時參考，如：面對債務、準備應急資金、指數投資、花錢買體驗、與家人相處、捐贈和幫助別人等等，這些才是投資真正獲得的快樂。

——余家榮　理財作家／「效率理財王」版主

從這一刻起關注自己的財務狀況、打破限制信念，讓金錢幫助你享受人生！

——理財學伴 Cindy&Shirley　「理財學伴」Podcast 主持人

這是一本理財工具書，從最基礎幫助你建立理財規畫的步驟，以及如何讓金錢真正地為我們的人生服務。

——許繼元　市場先生／財經作家

金錢是工具，不是目的。開始用金錢為人生加值吧！

——伶伶　公務員女子的閱讀筆記版主

談理財的書很多。談善用財富打造美好人生的書卻太少。凱特．坎貝爾的這本著作，及時提醒我們為何要投資。金錢本身並不是目的。凱特．坎貝爾提醒我們，金錢是一種工具，有了錢就有更多選擇，也會更自由，能打造心中的理想人生。

——Alec Renehan　Equity Mates 共同創辦人

這本書是個人理財的寶典，告訴你要妥善規畫自己的未來，也要享受實現人生目標的過程，二者都要兼顧。

——Natasha Etschmann　個人理財講師 @tashinvests，Get Rich Slow Club 播客主持人

這本書不僅是不可或缺的理財指引，也是哲學指南，帶你釐清人生的目標與優先次序。凱特．坎貝爾告訴我們，不僅要聰明投資金錢，也要將一去不復返的時間，投資在有意義的地方。

——Glen James　my millennial money 播客創辦人兼主持人

全面又全新的投資討論，獨一無二。

——Simran Kaur　Girls That Invest 作者

看了凱特．坎貝爾這本文采洋溢的個人理財書，就會懂得珍惜那些能帶給你真正快樂的事物，也會懂得專注在自己重視、想要的東西，以及你所擁有的時間，以實現你現在應該有、一生也都該有的快樂。

——Evan Lucas　Mind over Money 作者、InvestSMART 策略長、財經媒體名人

獻給我的父母蘇珊（Susan）與大衛（David）。

謝謝你們鼓勵我從小勇於冒險，

更重要的是，敢於犯錯。

# 目次

推薦序　如何有計畫地用錢，讓自己更快樂　011

前言　015

第一章　腳踏實地　023
還清高利息債務，準備一筆應急基金

第二章　增強理財信心　041
了解你的財務現況，開始制訂預算，設定理財目標

第三章　培養理財心態　063
探索你的經歷，與過往的理財錯誤和解，改正狹隘的理財觀念

第四章　修理大腦　085
克服常見的行為陷阱，包括害怕犯錯及分析癱瘓

第五章　談錢說錢　101
跟親近的人好好談談理財

**第六章　善用時間**　享受現在，投資未來……127
**第七章　買快樂**　盡情享受人生……153
**第八章　聚沙成塔**　了解複利，開始投資，展開自動化理財的人生……173
**第九章　不入虎穴，焉得虎子**　承擔風險與犯錯……201
**第十章　展望未來**　實現財富自由……217
**結論**……239
附錄：看看其他人的快樂　247
參考資料　255
中英名詞翻譯對照表　260

推薦序

# 如何有計畫地用錢，讓自己更快樂

妳**確定**要寫這本書？

這是我聽見凱特說：「歐文，我想寫一本書。」腦中浮現的第一個念頭。已有超過九萬名澳洲人收聽 Australian Finance Podcast 播客，聽凱特與全球財經專家談理財、投資，以及如何打造理想人生。所以我的直覺當然是「妳已經做了那麼多，還需要花時間心血寫書？妳已經在幫助全國、甚至全世界幾萬個家庭了。」不過我認識凱特這麼多年，看著她不斷成長，如今已是澳洲財經界最具影響力的女性。我想，別人能寫書，她也可以，而且她還能寫出一本好書。

於是我們決定坐下來細細討論。她要寫些什麼？她想研究什麼？她給大家的幫助已經很多，如何才能做到更多？我們研究了資料，發現 Australian Finance

Podcast 人氣最高的一集，是「買到快樂的八種方式：重新思考花錢的方式」。答案就在眼前。一定要寫一本探討理財行為的書，告訴大家如何有計畫地用錢，讓自己更快樂。

歷經幾百集的播客、幾千小時的規畫、研究與實作，以及與澳洲當地及各國專家無數次討論，所有的努力最終化為這本書。目的就是要告訴你，如何花錢買到快樂：停下來、思考、充電，開始用金錢改善你的人生。

太多人認為，「我不可能有錢。我不夠聰明。」或是「我的錢太少。」或是「我不敢。」或是「那不就跟賭博一樣嗎？」也許你現在覺得這些自我設限的想法很有道理，但這本書會證明，你吸收的許多理財觀念，根本就不正確。

你做得到。你可以過著不愁沒錢用的生活，擁有需要的一切，還有想要的一切。

凱特在這本書，將其他人已經領悟的、以金錢增添快樂的方式，濃縮成簡要的菁華。凱特先是給你上一堂理財的速成課，幫你打好基礎，再探討技巧、策略與方法，讓你以適合自己的方式，解決實質的理財問題，規畫未來。最重要的是，她在這本書的最後，以及 buyinghappiness.com.au 網站，列出 Rask 社群幾位朋友所分享的、對於我們每一個人來說真正重要的事情。

這本書帶給我的最大收穫，是想要更快樂，就必須寬恕自己。能寬恕自己，就會跟我一樣發現和試試不同的理財方式，哪怕有所虧損，仍舊是件好事。犯錯也是必經之路，只要能從中學習就好。想冒險也要盡量冒險，但要完全了解自己承擔的風險。也許最重要的是，即使有遺憾也沒關係。

這些都代表你逐漸了解自己如何才會快樂，而學會理財也會更快樂。

歐文・雷斯克

Rask 社群創辦人，Australian Finance Podcast 播客主持人

# 前言

快樂究竟是什麼？「快樂」是個有趣的詞，我覺得每個人對於快樂的定義都不一樣。我覺得快樂是精采人生的副產品，不是目的地。丹尼爾・海布朗在其著作 *Happiness: A Very Short Introduction* 表示，我們「不應認為任何一個快樂的表述，都能道盡快樂一詞的所有定義。」形容快樂的字眼很多，例如「滿意」、「幸福」、「滿足」，不過我還想增加幾個，尤其是跟金錢有關的。

快樂是自由，是選擇的能力，也是知道擁有多少算是足夠。是對於現在的生活感到滿足，但也不斷有所成長。快樂是不要延後你想擁有的人生。是將零零碎碎的美好時刻，經年累月編織成錦繡人生，在我看來，這是一生的功課。

安東妮雅・凱斯在 *Flourish* 一書指出，「美好人生不是偶然遇見的，是必須積極經營的。」我的這本書就是要告訴你，如何善用手上的資源，尤其是時間與金錢，打造美好的人生，也就是快樂的人生。快樂並不是能在商店貨架購買的商品，但掌握自己的財務，慎思運用資源的方式，你的人生就會更好。

## 金錢、時間，以及快樂

金錢是一種你能決定如何運用的工具。擁有更多錢，並不能解決所有問題，但絕對能讓未來的路更平順，更有可能實現目標。你越了解你的財務，越妥善理財，就會擁有越多選擇，因為有了錢，就有了選擇的自由。

無論你是想轉行、有更多時間與家人相處，還是到歐洲旅遊六個月，金錢都能助你實現夢想。然而要想擁有這些選擇，必須跨出第一步。第一步可以是第一次檢視你的支出，跟朋友一起聊聊目前的存錢目標，或是第一次投資五澳元。我們在接下來的十章，會逐一完成這些，甚至更多。

重要的不只是金錢。你的時間是另一項珍貴的資產，應該善加使用、節約、投資。時間是有限的資源，會深深影響快樂程度，所以務必要思考，該如何運用時間最為妥善。要記住，每個人的答案不一樣，而且在人生不同階段，想法可能會有所改變。你雖然不能把時間存進銀行帳戶，但無論是現在還是未來，你都可以從生活中抽出時間，用在更有意義的地方（無論是旅遊、花更多時間與家人相聚，甚至提早退休）。

這本書說到底，是要告訴你能在人生中做哪些選擇，以及幫助你妥善選擇。要引導你善用手中的時間與金錢，讓自己更快樂。這本書的核心概念，是你若更善於支出、節約，以及投資時間與金錢，就能擁有更多時間與金錢。你若能運用額外的時間與金錢，妥善規畫人生，就必定能快樂。

## 你做得到

很多人認為理財很難，所以不願理財，但理財其實不必這麼難。你看了這本書就會發現，一個簡單的系統，就能讓你一生擁有許多選擇。你不需要資格證照，也能把財務打理好，但必須從基本功開始。首先要吸收知識，就能更有信心做出能累積財富的決策。你打開這本書，等於踏出完美的第一步。保有耐心也很重要。打理財務並非一蹴可及，需要時間。你必須現在開始播種，往後才有大樹可乘涼。最後，建議你在這段漫長（卻有必要）的學習過程中，要善待自己。很多人會苛責自己不懂「錢的東西」，但真正重要的是把握眼前的機會，改善你的財務。

在理財的路上，請一定要善待自己。不要一直與稍微領先你的親朋好友比較。一路上有時難免會覺得困惑、艱辛，但要盡力克服這些感覺，因為一旦成功就會收穫匪淺。

## 使用這本書

我在這本書分享了許多我擔任理財教練，以及播客主持人所學到的東西，也把多年來向專家學到的東西，濃縮在這本書。這本書的十章分別探討十大主題，你可以隨時依據需求，閱讀你需要研究的主題。

第一章與第二章介紹必須打好的理財基礎，包括付清高利息債務、準備應急基金、了解財務現況，以及依據你的價值觀及優先次序制訂預算，設立目標。第三章與第四章則是要引導你探索內在，建立健康的理財心態，走出理財路上的遺憾，也避免常見的行為陷阱。接下來的第五章要討論，我們為何覺得很難談理財的話題，還要告訴你該如何談敏感的理財話題。這本書前幾章的重點，是要給你做好理財決策所需的工具。

第六章的主題是金錢與時間之間的關係。能更妥善運用時間，就能保持平衡，享受當下（即使在努力達成遠大理財目標的過程中）。第七章要請你仔細思考，從今以後如何以研究證實有效的方法，以金錢換取快樂。第八章則是暢談展開你的投資之路，讓錢生錢。你將認識神奇的複利，開設經紀商帳戶，投資第一筆五澳元，還會將累積財富的流程自動化。第九章會討論風險對你的投資的影響，怎樣的風險才算正面的風險，以及如何克服很多人害怕犯錯的毛病。最後的第十章，你會總結關於理財、時間管理，以及哪些事物能讓你快樂的所知，以探討財富自由的概念，還有你所想像的財富自由。

我在書中介紹許多現在就能派上用場的練習（以這個小鉛筆圖示標出✍）、話題，以及訣竅，讓你懂得運用從這本書學到的知識。書中有時也會提到新的或是複雜的概念，所以我在各章的結尾，也將重點整理成「幫你抓重點」摘要。

## 五大概念

你在閱讀本書的過程中，會一再看見幾個重要概念。我現在就一一說明，讓你贏在起跑點。

**你的錢由你作主**。也許你覺得不然，但舉凡賺錢、花錢、存錢，以及投資，你擁有的選擇其實遠超過你的想像。打好理財基礎，未來就更有可能擁有更多財富。要記住，這是你的「錢」途，目的地由你選擇。

**不必忌諱談理財話題**。理財話題談起來不見得有趣，也不見得輕鬆，但無論幾歲，談理財都是好處多多。在你的群體率先發起理財話題，即使不見得每個人都願意談，也不要灰心（研究顯示，理財是人們最不喜歡的話題）。最重要的是，談到敏感的理財話題，要耐心傾聽，不要批評。

**花錢可以買到快樂**。專家說過，有很多種方式，可以用金錢與時間換取更多快樂。第一步是要弄清楚，你的時間與金錢都用在哪裡，再調整你的行為，讓時間與金錢發揮最大效益。

**要一點一滴持續努力**。投資理財並不需要孤注一擲。一定要記得，可以從小額投資開始，但要馬上開始，而且要持之以恒。久而久之就會更有自信。

**要承擔良性的風險**。許多現在讓我們非常快樂的事物，都是始於冒險，無論是職業、愛情、公司，還是嗜好。我們要把承擔良性的風險，當成財富累積過程當中的好事。況且我們冒險反而會更快樂，真是太棒了！

把書籤放在這一頁，你在理財的路上，只要覺得不確定，要再次確認該把重心放在哪裡，就可以再看看這五大觀念。

## 我的群體以及群眾外包的快樂

我從二〇一九年初開始，與投資分析師歐文・雷斯克一起主持 Australian Finance Podcast 播客至今，一路走來可真精采！我們現在每個月，都會跟超過八萬名希望理財功力能大有精進的聽眾交流。我在書中提到的「播客」或「節目」，說的就是這個。至於我在書中提到我的「群體」，則是包括收聽播客、參加 Rask Education 投資課程，以及與 Rask Australia 在社群媒體互動的人。

多年來，我從這個群體學到不少，所以我一開始寫這本書的時候，也邀請群體成員分享以時間和金錢換取快樂的經驗。我精選幾則他們的回應，在這本書最後的「看看其他人的快樂」列出，還有許許多多的回應都刊登在 buyinghappiness.com.au 網站。希望這些真實人生的例子，能助你在這一路上找到快樂的泉源。

## 這就開始吧

我運氣不錯，在二十幾歲的年紀，就知道什麼能讓我快樂，也積極理財，朝著心中夢想的生活前進。我與各領域的專家暢談各種話題，從善加運用時間，到實現財富自由。但每個人理財的起點不同。這本書討論的是長期思考、設定目標，以及採取行動，不見得每個人都能輕鬆完成。

建議你在理財過程中，要寬待自己，給自己時間。不要用別人的時間表要求自己，但**一定要**今天就開始。就我的經驗，對自己的財務了解得越多確實是越好，但若不採取行動，十年之後的你就會懊悔。

如果這本書是你看的第一本理財書，那我真希望馬上帶著你開始。如果你已經走在理財的路上，我也很期待與你分享對你的人生有益的觀念。

第一章

# 腳踏實地

## 還清高利息債務，準備一筆應急基金

千里之行，始於足下

——老子

要說我在理財這條路上學到什麼，那就是基礎一定要打好。我們犯的許多理財錯誤之所以發生，是因為都還沒學會游泳，就跳進深水區。這本書的第一章與第二章要探討的，就是理財之路不可或缺的基礎。如果你還沒踏出打好基礎的第一步，那縱然會有些不自在，有些難受，還是請你務必看下去。快樂是要付出時間與金錢才能得到。也必須努力，而看這本書就是努力。

即使你在較大的歲數，才踏上理財之路，也要知道你並不孤單。無論你學到哪些教訓，犯過哪些錯誤，或是後悔自己沒能趁早搞懂這些，都能成為你踏出下一步的助力。別再責怪自己決策錯誤，畢竟當時的你握有的資訊與資源，不如現在多。

我媽常說，看待認識的人要看好的一面，我始終覺得這話很有道理。善待自己也很重要。你理當有機會學習理財，也應當有機會改善往後的財務。你從現在開始採取的行動，會深深影響你的未來。

每個人開始理財的時間不同，所以這本書有些部分對你來說，可能比其他部分實用。我也認為你可以在需要的時候，再吸收你需要的資訊。你不需要看完每一章，甚至不需要按照順序看。生命太短暫，沒有時間可以浪費。

例如你要是已經完成下列幾項，那大可跳到探討理財心態的第三章：

- 你已還清高利息債務（例如汽車貸款、個人信貸，以及信用卡債）。
- 你已經準備了一筆應急基金（金額大約是三至六個月的生活開銷，存在儲蓄帳戶）。
- 你很清楚你每個月的收入與開銷。
- 你有理財目標，也有能實現目標的可靠計畫。

你要是還沒完成這些，那就繼續看下去。在這一章，我們要討論清償高利息債務，還有準備一筆應急基金。下一章要談的是你目前的財務狀況，也要開始設定目標。這些都是改善整體財務狀況的重要步驟。

聽起來是不是很棒？那就開始吧！

## 還清高利息債務

保羅大學畢業後，一直找不到全職工作。但他已經開始獨立生活，各種開銷接踵而至。幸好（至少他當時這麼覺得）銀行願意發給他一張信用額度一萬澳元的信用卡。他就拿這張信用卡支付所有的開銷。幾年後，他刷爆了這張卡，雖然每月只繳最低應繳金額，但他覺得自己能還清卡債。他在三十歲那年，開始整理自己的財務，覺得是規畫還清信用卡債務的時候了。他問銀行，自己還欠多少，赫然發現累積的信用卡債遠超過一萬澳元。這驚天巨債從何而來？

很多人認為之所以負債，是因為決策錯誤、創業失敗，或是在國外奢華度假大肆揮霍。這種觀念並不正確。確實有可能是如此，但負債的真正原因，通常是小額開銷長期累積：東一筆醫藥費，西一筆雜貨開銷。再加上銀行「好意」提供的高額信用額度，就這麼轟的一聲。一筆筆的小額開銷，就像滾雪球一樣，滾成天文數字的債務。

我在這本書也會分析，複利會是你累積財富的好幫手，但現在要先討論，你的債務若是以複利計算，那損失會有多慘重。假設你的信用卡債是一萬澳元（也是保羅原本欠下的債務，只是後來滾成天文數字），銀行收取每年百分之二十的利息，而你每個月只繳交大約二百澳元的最低應繳金額（貸款餘額的百分之二），那你必須繳交六十多年，才能還清。更糟的是，你在這六十多年間，總共要付給銀行四萬多澳元的利息，還不包括本金！如果每個月的還款金額增至五百澳元左右，大約二年就能還清債務，而且二年來只要付二千澳元的利息給銀行。

擺脫高利息債務很困難，但絕對是理財的一大重點。你會對理財更有信心，能減少貸款存續期間的利息支出，也會有更多錢追求自己的目標。而且還清債務，肩上的壓力會減少很多。我把重點放在欠親朋好友的債務、先買後付（BNPL，buy now pay later）、發薪日貸款、汽車貸款、個人信貸，以及信用卡債，因為這些債務對人際關係有害，還會害你陷入負債循環，而且債務的利率高於儲蓄或投資的獲利。我在這本書提供的只是大致的建議，你的理財重點，最終還是要由你自己決定。

如果你想加速還款，盡快擺脫債主，就要考慮提高每個月的還款數字，而不是只繳最低應繳金額。那要怎麼開始？無論你是想付清先買後付的欠款、想還清汽車貸款，還是減少信用卡債，按照這五個步驟，就能輕鬆了解你承擔了哪些高利息債務。

## 第一步：寫下所有負債

這第一步並不好走，但一定要踏出去。找出你目前名下所有債務的文書、電子郵件，以及登入資訊，一一寫下。再弄清楚債務的細節，例如每筆債務的金額，向誰償付、債務成長的速度（年利率）、債務到期日、最低應繳金額等等。了解這些，在第三步就能做出更正確的決策。

## 第二步：了解為何會搞成這樣

在你踏出第二步之前，我要強調，我並不是叫你苛責自己或是責怪他人。而是應該要想了解，你是因為哪些情況、做出哪些選擇，買了哪些東西才會負債。你要是跳過這一步，就有可能重複某些行為，又害得自己負債，你當然不想搞成這樣。

依據你在第一步蒐集到的資訊，回答下列問題：

- 自己是什麼時候開始負債？
- 你開始負債（申請貸款、申請信用卡）的時候，遭遇了什麼事情？
- 大多數的錢花到哪裡去了？（如果是汽車貸款之類的負債，要計算就比較容易。如果是累積多年的信用卡債，要計算就稍嫌吃力。）
- 你還在常常增加債務嗎？（這很重要，因為除非你每個月能做到收支平衡，否則難有還清債務的一天。）
- 你跟誰說過欠債的事？
- 你有多想還清債務？為了還清債務，你願意做出哪些犧牲？

這些問題可能不易回答，但你回想負債的經過，到了第三步就能設計出更堅實的計畫，朝著不同（也更好）的方向前進。已故美國作家馬雅．安傑洛說得很貼切：「盡力而為，等到懂得更多，就要做得更好。」你越是了解自己，越是了解你的理財方式，往後就越有能力做出理財決策。

## 第三步：擬定計畫

如果你是因為每個月入不敷出，所以需要信用卡或個人信貸，那就要先解決這個問題。你要先逆轉目前的問題，讓收入大於支出，才有可能還債。一定要先止血，別再讓債務擴大，才能開始擬定還債計畫。以下是一些初步的觀念：

- 如果你已經無力支付帳單，那就打電話給銀行或是貸款公司，要求與債務協商人員談談。他們可以幫你訂出還款計畫，或是提出其他短期解決方案。
- 看看你過去三個月的銀行對帳單，減少不必要的開銷（包括任何很少使用的訂閱）。
- 研究還有哪些可刪減的支出。例如在還清債務之前，與朋友的聚會可以是散步，或是在家共進晚餐，不能在外用餐。
- 找找家中有哪些已經有一陣子沒有使用、可以放在 Gumtree 或 Facebook Marketplace 賣出的物品。
- 還有哪些方法能賺錢？也許是加班、下班後兼差，或是斜槓。例如我曾與一位 Uber 司機聊過，他除了朝九晚五的正職之外，每天也開二小時的計程車賺錢還債，改善自己的財務。

你找到收入能大於支出的方法，就可以開始思考如何還清債務。以下是我的建議：

- 訂出還債的順序。例如你可以先還利息最高的債務。有些人比較喜歡滾雪球法，也就是從最小金額的債務，一路償還到最大額，比較能持之以恒。
- 還款計畫要務實。你的銀行帳戶到了月底還剩多少錢？你能從帳戶拿出多少錢，多還一些債？寫下務實的計畫，包括你每二個禮拜，或是每個月能額外償還的金額。一定要知道錢的去向、你還款的頻率，以及債務何時能還清。如果可以設定每個月從你的銀行帳戶自動還款，不必費心去想，那就更好了！
- 在還債的路上，要盡量減少開銷，但也要保留一些彈性給自己。還有哪些開銷能更進一步儉省？也許現在的生活很拮据，但還清債務是當務之急。能不能賣掉車子，買個更便宜的二手車、搬進合租的雅房或是原生家庭，以較便宜的活動，取代要花大錢的活動？例如能不能放棄盛大的度假計畫，改為選擇本地的公路旅行，或是今年安排全家玩神祕聖誕老人遊戲，每一位家人買禮物給另一位家人，而不是你買禮物送全家人？

- 想想長期而言該如何增加收入，例如爭取加薪、下班後進修以改換到收入較高的行業，或是開創副業。
- 記得要時時關注你的進度，若有必要也要調整計畫。計畫應該要對你**有益**，而不是**有害**。此外，如果你背負的是巨債，那一定要在這一路上設置小目標，達成之後也要慰勞自己，才有動力繼續向前，也才能看見自己的進展。

還清債務是段艱困的旅程，卻是重新打理財務的基礎。而且還清了債務，你就更接近**賺取**利息，而不是支付利息，誰不喜歡賺取利息呢？

## 第四步：找人幫忙

如果你覺得無力做到這些，不妨找個你信任的人幫你訂出計畫，定期檢視你的進度。你在還債的過程，可能會感到很寂寞，但你絕對不是孤軍作戰。各平台現在有許多研究如何擺脫債務的線上群體，成員會在還債路上互相加油打氣。這些群體流露的歸屬感，會是一大助力。

很多國家也有合格的理財顧問，能輔導你還清債務，與銀行及貸款公司協商。在澳洲，全國債務救助熱線是個極好的資源，提供免費的理財諮詢服務，由理財顧問給予實用的建議，而且談話內容都會保密。另一個實用的資源，是金融權利法律中心，能說明你在金融債務及糾紛的相關法律權利。求助並沒有錯。在我看來，求助是勇者的表現。

## 第五步：保持動力

還債並不是一蹴可及的，很多人需要幾年的時間，才能擺脫債務。要一直保持還債的動力並不容易，所以達成小目標就要盡量慰勞自己，即使無法每個月都按照進度還債，也別太苛責自己。也許是你的計畫需要調整，也許你需要短暫休息，才能繼續往前走。

還債雖說只有幾個步驟，但辛苦還債的你，絕對不會覺得還債很輕鬆。我建議你達成小目標就要慰勞自己，多想想解決債務的好處，這樣即使過程很艱難，也不會灰心。例如想想你在一路上養成的良好理財習慣。養成每個月固定挪出資金還債的習慣，以後儲蓄與投資也可比照辦理。最棒的是，等你達成無債一身輕的目標，就是完成了一大壯舉，應該深深感到自豪。

最後，我勸你要好好善用還債的時間，在還債過程中，盡量多了解自己的財務與投資，才有本錢改善你未來的財務。

## 談談先買後付

借錢與負債是極為古老的故事，借出方與貸款的故事，可追溯至公元前二千年。現在的我們要借錢，選擇是前所未有的多，各品牌也在運用消費行為專家的研究對付我們。品牌知道該怎麼做，該用哪些色彩，該追蹤哪些網路cookies，才能讓我們相信自己需要這項產品，而且現在就得買。讓我們歡迎現代消費者最好的朋友（他們希望你這麼想）：先買後付服務。

如果你不熟悉，那就先聽我說明：先買後付就是消費者只要先付總消費金額的一小部分，就能購買產品與服務，其餘的金額可以在未來幾個月分期付款。甚至常常是商家（而不是你）支付頭期款項。聽起來是不是很美妙？其實不然。先買後付平台自己進行的研究顯示，消費者使用先買後付，花費會比先存錢後購買更多。有一家先買後付服務公司對企業主表示，在結帳櫃臺提供先買後付服務，平均客單價可增加百分之十八。另一家甚至宣稱，平均客單價增幅可達百分之四十一。這對企業來說很有利，對身為消費者的你，可就不見得是好事。很多消費者也同時使用許多先買後付平台。原本是個好用的消費工具，卻有可能迅速釀成還不完的債務。

基於這些原因，最好還是盡量避免使用先買後付。你在這本書的第七章也會發現，很多研究也顯示，為了想買的東西而存錢，期待買到的那一天，自己反而會更快樂。

## 準備應急基金

還記得那些諸事不順、無論怎麼做都左支右絀的日子？你看著銀行帳戶，知道裡面的錢不夠支應開銷，於是你拿出應急才會使用的信用卡，接下來的一、二年又不得不重回負債人生。難道就非得負債不可？倘若預先準備了一筆應急基金，是不是就不必這麼困窘？

這就是應急基金的用處。人生難免有大大小小的意外，應急基金是你專為人生突然其來的難關，所準備的一筆錢，例如家中突然發生事故。有了應急基金，你就有了自由，能勇於離開有害身心的工作、不健康的關係，或是不安全的情況。這是我最在意的理財領域，因為投資固然好，但能在財務較好的情況下做出決策，更為理想。

所以你需要多少錢？計算方式有很多種，不過理想的數字是三至六個月的基本生活開銷。而且務必要存入高利儲蓄帳戶（你需要就能隨時使用）。如果你的家境不錯（而且經濟穩固），能支援你，或是你的職業很熱門，或是你有許多收入來源，那你也許可以接受較少的應急基金。在另一方面，萬一出了問題又沒人能支援，或是你必須養活其他人，或是以你從事的產業，要找到下一份工作並不容易，那你也許需要一張更大的安全網，才會安心。

我的母親得過二次乳癌，我始終擔心會有第三次。我真的希望不會，但倘若不幸發生，我希望屆時的我能放下一切，與她共度美好時光。所謂共度美好時光，包括搭飛機、無薪假，或是全家一起度假，樣樣都需要錢。所以我才這麼需要大筆的應急基金，雖然我的生活所需應該遠低於此。我不希望遇到難關時，還要因為財力有限而綁手綁腳。

你稍微想想，就會發現你應該也曾面臨某些難關，當時要是有一筆應急基金，就能順利解決。我講到現在，你是不是覺得應該準備一筆應急基金？如果是，那就開始吧！

## 第一步：開立應急基金帳戶

最重要的事情先做，首先開立一個完全獨立的銀行帳戶。這就是你的專屬應急基金帳戶，不能直接連結用於支出的帳戶。最好選擇不會收取帳戶管理費和提領費、還可以迅速提領的高利儲蓄帳戶。這個帳戶只能存放應急基金，所以你必須懂得自制，非到緊急狀況不得動用。

## 第二步：設定目標與預算

下一步是要決定應急基金的金額。思考你的需求，以及目前的財務狀況。有了大概的數字之後，就必須每月挪出一筆錢累積（除非你手頭上正好有這一筆錢，可以立刻存入）。請參考這個例子：

我覺得我需要三千澳元左右才會放心。我發現每個月存二百五十澳元的應急基金，連續存十二個月，就可以達成目標。我要是可以在假日加班，或是把家裡的一些東西拿去賣，就能更快達成目標，那就更好了！

要記得，無論是五百澳元，還是六個月的生活開銷，一定要算出自己需要多少應急基金。例如你若是有幾個互相衝突的目標，或是目前還在還債，但也許一開始只準備一個月的生活開銷，以後再慢慢累積，會比較恰當。

## 第三步：設定自動轉帳

你算出每個月要存多少應急基金，下一步就要設定自動轉帳，從你的薪水提撥一部分資金，存入你的應急基金。如果做不到，那就在你的行事曆安排固定時間，提醒自己要轉帳到應急基金。

這個步驟是參考美國理財導師拉米特．塞西以自動化的方式，累積財富與安全。關於個人理財自動化的好處，他是這樣說的：

你建立一個萬無一失的個人理財制度，就能把該做的事交給這個制度去做，你也能專注在真正重要的事，把財務打理好。

將你的計畫開啟自動駕駛模式，進入下一步！

## 第四步：持之以恒

要記住，應急基金需要持之以恒累積。你也許需要幾年才能存到，說不定還沒存滿就得動用。若真是這樣，也不要沮喪。一旦開始存錢，就要持之以恒，直到達成目標，即使覺得沒有進展，也要堅持下去，這是最重要的環節。得到意外之財，例如退稅或獎金，那就要把握養大應急基金的好機會。

## 第五步：運用你的應急基金，也要補充

最後，等到你存夠應急基金，或是至少正在存，萬一遇到意外也要勇於動用。畢竟存這筆錢，就是為了應急！要把這筆錢當作你遇到危難時，可以打開的降落

傘。你要是必須動用應急基金，那也要立刻開始補充！

說起來很容易，但做起來可能有點難。如果你很不願意動用存下的錢，那萬一需要動用應急基金，你可能也不太捨得花用。我建議你想想哪些時候應該「打破撲滿」，把你的答案寫下來。這與你的價值觀有關，所以每個人的答案不同，但應該包括搭飛機到另一州參加喪禮、請假去照顧一位正在經歷人生低潮的朋友，或是修理車子必須立刻解決的毛病。要記得，這筆錢是過去的你所準備、要讓未來的你順利度過困境，當然可以動用！

花掉你辛苦存下的應急基金，再開始累積，會覺得有點沮喪，但不要因為沮喪就停止前行。再次出發之前，你可能需要短暫休息，喘口氣。你終究會達成目標的，而且這一次你不是從零開始。你不但已經開立了應急基金帳戶，知道自己需要多少應急基金，你也已經累積了再次達成目標所需的技巧與紀律。如果我說的這些符合你的狀況，那要記得，你一定能做到！

**幫你抓重點**

打好基礎很重要。這一章的內容也許不怎麼有趣，但打好理財的基礎絕對值得。如果你希望能以金錢換取快樂，就一定要還清債務，準備應急基金。

- 打好財務基礎是理財的必經之路，不可忽略。
- 之所以會欠債，往往是因為長期累積了很多小額消費。要釐清問題需要時間，還清債務需要更多時間，但還是要思考負債的原因，才不會重蹈覆轍。
- 還清債務不易，也需要資源，但這並不代表不該還債。要找到能伸出援手的人，若有必要就要求助。
- 你需要一個急用時可動用的帳戶。準備能應付三至六個月的開銷的應急基金，存入高利儲蓄帳戶，你的理財就會大有長進。
- 也許你會遇到需要動用應急基金的時候，那就儘管動用！只要記得要放輕鬆，處理手上的問題，等到準備好，再開始繼續累積。

第二章

# 增強理財信心

## 了解你的財務現況，開始制訂預算，設定理財目標

我覺得想增加信心，最好的辦法是不要讓別人的不安全感，變成你自己的。

——歌手潔西・J

我們生活如此忙碌，很有可能一連幾年都沒有好好檢視自己的財務，但現在要改變這種情形。我們已經打好了理財基礎，要如何才能擁有理財信心？這一章要講的，是如何打理財務，才更能做好人生的決策。我們要仔細檢視你的財務現況（收入、支出、資產、負債都要完全弄清楚），訂出可行的預算，還要規畫符合你的價值觀的理財目標。

# 你的財務現況

我喜歡把我的人生當成一種事業。我有收入與支出，也有資產與負債。而且我等於身兼執行長、營運經理、行銷、人力資源、財務、技術支援數職。一家企業需要有人做事，需要預算，也需要目標、績效檢討、年度報告、董事會，也希望至少能有一位客戶。

現在要請你想像自己是一家企業。客戶付酬勞給你（你的正職），換取你的服務。你的企業可能也提供其他產品與服務（你的副業、接案工作，以及紅利），能賺取額外收入。你的企業也有每週或每月需要支付一次的支出（例如租金、雜貨、網際網路）。你的企業的資產負債表，可能也有資產（股票、房地產、現金），以及債務（汽車貸款、信用卡、房屋貸款）。企業的收入必須大於支出，才不會破產（不，在這個情況，不會有創投資金，也不會有創業類的真人實境秀提供資金）。

綜合以上這些因素，你的企業目前的營運是健全，還是虧損？你從企業的資產、負債、收入，以及支出，就能知道答案。徹底了解你的財務現況，就能像企業一樣掌握理財。

## 了解你的收入與支出

你現在身負執行長的重任，必須了解公司的銀行帳戶每一筆進出的款項。搞清楚這些非常重要，因為你必須先弄清楚你的財務現況，才能花錢買快樂。

你若是從未研究過這些，那恐怕需要一些時間，但弄清楚收入與支出，是個人理財之路上的重要環節。請你拿一張紙，或是打開試算表，列出下列幾項：

一、**你的收入**。如果你只有一份正職，那數字應該很好掌握。但你若是身兼多職，或是做臨時工，那就得花些功夫計算。依據你過去六個月的收入，計算你的平均月收入。

二、**你的支出**。這就有意思了！要算出你過去六個月的平均月支出。銀行也許可以提供過往交易紀錄，或者你也可以使用應用程式的預算功能計算。

你掌握了平均收入與支出數字之後，就能算出目前每個月的結餘金額。要依據下列公式計算：

## 你的月平均收入－你的月平均支出＝你的月平均盈餘或赤字

現在會有一個正數或是負數盯著你看。要請你思考下列各項：

- 如果你算出的是正數，也就是盈餘，那你現在如何運用這筆錢？是不是放在銀行帳戶裡？你是不是存著，以後要用在某個用途？還是拿去還債，或是用於投資？
- 如果你算出的是負數，也就是赤字，那你是否為了縮小收入與支出的差距，而去借錢或動用存款？你要做出哪些改變，每個月才能有些盈餘？

現在你對於自己的財務狀況，漸漸有了概念。最好每個月都要計算一次，確認自己離目標越來越近。在企業，是由財務長或是會計製作每月的財務報表，但現在是把你自己當成一家企業，所以這就必須由你來做。

## 算出你的淨值

你的淨值代表你目前的財務狀況。了解自己的淨值，就能做出更正確的理財決策，尤其是與暫時離職、環遊世界、退休之類的大型目標有關的決策。淨值是讓你明白你離目標還有多遠的工具之一。

計算淨值非常簡單。首先列出你所有的資產（現金、投資，以及其他任何你認為現在賣出能變現的東西），再全數相加。我覺得電子產品之類價值較低的東西，就不必計算了，越簡化計算得越快。再列出你所有的負債，也全數相加（例如信用卡債、房屋貸款，以及欠朋友的錢）。我喜歡用試算表計算，可以長期記錄這些數字，但你若是覺得寫下來，或是使用手機的筆記應用程式比較方便，那也無所謂。

全都計算完成之後，再以下列公式計算：

**你的資產－你的負債＝你的淨值**

完成啦！其實不難嘛，對不對？

算出來的淨值如果是負數，也沒有關係。現在的重點是蒐集資料，才能做出更好的理財決策。我覺得淨值就是我的理財生活的概述。我從淨值的變化，可以看出我長期而言是否朝著正確的方向前進。我們可以拿出科學家在實驗室的精神，好好研究這些數字。運用這次機會，留心自己的資產與負債。比方說你看了這些數字，就知道應該加緊還債、重新準備應急基金，或是更頻繁投資。

儘管如此，最好不要將理財目標與淨值綁在一起。等到你開始投資（我們在第八章會詳談），你無法控制的因素，會導致你的餘額每天變動，你的淨值也會時時變動。要記住：淨值並不等於你這個人的價值。沒有虛度的美好人生，絕不是區區金錢所能衡量。

## 關於比較

你可曾想過你的朋友、鄰居，或是你追蹤的那位影響者，究竟有多少錢？看見別人逐漸累積的財富，或是沒有累積財富，確實很有意思，但這本書還是要勸你把重點放在自己身上。我們的目光很容易被別人展現在外的財富吸引，以為他們的人生一定很美好。然而即使有錢，也無法立刻消滅人類的許多基本問題、不安全感，以及擔憂。有錢人當然能花大錢，請最高明的訓練師、美髮師，以及個人廚師，但若是對自己的人生和人際關係不滿意，那花再多錢也沒用。

我覺得那些剛開始理財、會望向朋友、同事、家人甚至名流的萬貫家財的人，特別需要注意這一點。你才剛踏上理財的旅程，卻看見跟你同年齡的人（甚至比你更年輕的人）已經「財富自由」，或是看見收入跟你差不多的同事，理財進度卻領先你十年，確實很不是滋味。類似這樣的比較，常讓人覺得自己落於人後，難免灰心沮喪。我們有時候太關注周遭人的成敗，忘了打理好自己的財務。

在理財的路上，我們不時會犯比較財富的毛病。我多年來在 Australian Finance Podcast 與專家對談，發現比較財富是個很難根除的問題。我發現最有效的辦法，是了解自己的理財目標，時時努力實現目標。你不必追逐別人的目標，也不必按照別人的時間表，只要依照你自己的就好。

談完了比較的問題，我們這就來看看有哪些可行的辦法，能專注經營自己的財富之路。

## 像老闆一樣編列預算

你蒐集了這麼多資料，現在要把這些資料變成實用的東西。我知道很多人很討厭編列預算，感覺自己都成年了，幹嘛還要像小孩子寫作業。但請聽我說。預算只是分配你的現有資金的計畫。你規畫得越多，往後就更能將資金用於更有意義的地方。

個人理財的指導原則，就是支出要低於收入，而且要將沒花完的錢拿去儲蓄或投資。你可以試試看我接下來介紹的，三種不同於常見的預算的方法。常見的預算，是將一筆錢分配至幾種類型的支出（例如雜貨四百澳元，娛樂一百澳元）。這種預算也許對某些人有用，但實踐起來往往會覺得綁手綁腳，很難執行，更何況天底下哪有人百分之百按照計畫支出?!

### 50／30／20預算

如果你不知道該怎麼開始，不妨試試50／30／20預算。你在這一章已經算出你的收入與支出，現在要細分為以下三種類型：

- **固定支出（需要）**：你目前每個月的房租、電費、雜貨這些必要開銷是多少？
- **選擇支出（想要）**：你每個月想花多少錢，在與朋友聚餐、串流服務，還有週末度假這些讓人生美好的享受？
- **給未來的你的錢（理財目標）**：你每個月想挪出多少錢還債、達成存錢目標，或是投資？

編列預算的基本原則，是你的需要、想要以及理財目標，應該分別占你的收入的百分之五十、三十以及二十。廣義的「需要」包括你生存所需的花費，例如遮風避雨的住所、食物、電力、熱水、運輸、信用卡費，以及償還貸款等支出。「想要」則是一切你很喜歡、但坦白說若有必要也可以捨棄的東西。例如娛樂、社交郊遊都屬於「想要」。至於理財目標，則是完全取決於你對自己及對人生最重視的目標。例如你的目標可以是減少債務，存錢購買特別的東西，或是應付意料之外的支出。

要記住，上述的比例不見得適合每個人，你可以依據你的情況調整。例如年收入四萬澳元的人，「需要」的支出的比例，可能高於年收入二十萬澳元的人。

## 「先付錢給自己」預算

如果你不喜歡將預算分門別類，也可以先付錢給自己，再花用剩餘的錢。要採用這種方法，你必須知道你每個月的固定支出與選擇支出大概是多少，剩餘的錢又是多少。假設剩餘的錢是一千澳元，那你就設定每月薪水一入帳，就轉帳一千澳元到儲蓄帳戶，把其餘的錢全都放在支出帳戶，用於支應一個月的所有開銷。這種方法不但有助於日後的理財，你還能靈活運用每個月剩餘的錢。

這種預算常有的問題，是很容易一個樂觀就轉太多錢到儲蓄帳戶，結果到了這個月的二十五號，才發現已經沒錢買日用品。你要是必須動用存款，才能買日用品，那就該想想你是不是付太多錢給自己，是否應該減少每個月初轉帳的金額，還是應該減少一些非必要開銷。要經過一番摸索，才能運用自如！

## 反向預算

反向預算的概念，是我們若每個月初把全部的零用錢都轉給自己，那很有可能很快就花光。反向預算則是顛倒過來，每天發給自己小額的零用錢，天天都是撥款日。

那究竟怎麼做？首先你要了解每個月的固定支出是多少，希望有多少選擇支出，又要存多少錢給未來的自己。每逢領薪水的日子，就把各項支出的錢，分別存入不同的帳戶，盡量將該付的帳單，設定成從固定支出帳戶自動扣繳。然後再設定每天自動撥款到支出帳戶，應付你的選擇支出。例如你每個月挪出一千澳元，用在你認為能豐富人生的東西（你的選擇支出），那你就要每天轉帳三十三澳元，到你的支出帳戶。

## 是否到了該跟預算分手的時候？

你執行預算到了無感的那一天，預算就自然結束。之所以會無感，可能是因為你換一套規則，或是減少一些規則，照樣能把金錢管理好。或者是你用的方法再也不適合你。或是你的生活狀態有所改變。那也不必在意！預算只是一種管理金錢的工具，不應該讓你痛苦，也不應該主宰你的人生。預算要是不實用，那就別用。

我希望大家從這番討論記住的重點，是務必要多方嘗試，找出最適合你的方法。個人理財是你自己的事，適合你的方式，不見得適合其他人。金錢是工具，該怎麼運用由你決定。

## 實現理財目標

你走到這裡，該給自己拍拍手。思考債務、應急基金、淨值還有支出是很複雜，很辛苦的，但拜託不要放棄。學習理財很困難，但不學理財，日子會更難過。若有必要，就先休息一下，找朋友聊聊你在做的事，但休息過後還是要繼續往前走。現在要開始做我喜歡做的事：訂出理財目標，再設計一個能實現目標的超讚計畫。

### 你的目標是什麼？跟錢有關嗎？

我們在人生做出的選擇，都是基於不同的原因，有些最重大的決策跟錢有關：在哪裡工作、住在哪裡、目標是哪些，如何運用時間。許多播客聽眾原本覺得，理財可以等到以後再煩惱，結果自己開始著眼在目標上，就改變了想法。你要是有錢，大概也很喜歡這樣做，也許是優先考量，也許是逐漸醞釀。拿歐洲之旅為例。無論是設定目標，還是努力實現目標，都會影響到你的財務的方方面面。僅僅是這次的經歷，你就能學會編列預算、存錢、花該花的錢，甚至還能跟至親談理財。

之所以成功，是因為你覺得有意義。你定下你重視的目標，制訂達成目標的計畫，就等於突然間接受了「金錢能改善生活」的概念。理財不再是別人才會去做的事情。你成為一個會存錢，會朝著自己目標努力的人（第三章會詳細介紹這種心態）。

努力追求具體且有意義的目標，也有助於你訂出優先次序。你能做的事情很多，但不可能一下子樣樣都如意。比方說如果你覺得為了歐洲旅遊而存錢很重要，那你的朋友想到高級餐廳用餐，你可能就得建議改在家裡吃些家常菜，或者是等到結束歐洲之行返國，再買新手機。你了解自己的理財目標，就能調整自己的支出與預算，以達成目標為重。

## 從你重視的開始

很多人還沒弄清楚自己為何而做，就一股腦開始做。但了解自己「為何而做」，確實有助於設下自己重視的目標。我不希望你想都不想，就去追求家人、朋友、社會認為你該追求、但你自己卻不想追求的目標。這樣做是不可能快樂的！如果你不太熟悉為自己設定目標，那也要允許自己慢慢來。關閉自動駕駛儀，探索內心最重視的東西，需要一些時間才能完成，但了解自己最重視的是什麼，確實是個好的開始。

現在就該研究你最重視的是什麼，你想把錢花在哪些能讓你快樂的東西。其實在個人理財的任何階段，都可以研究這些。有些人砸大錢買新車都覺得無所謂。我就不行。我寧願把錢拿去倫敦旅遊，去劇場看戲。你可能比較喜歡西班牙海灘的自由空氣與濕度。我並不是要你像在公司員工旅遊那樣，開出一份價值的清單，而是要你從花錢的角度思考。第七章會介紹幾種花錢買快樂的方式，但我們首先要探討，你花錢換來的價值。

我發現有種方法最能看出我最重視的東西，就是寫下十項我花最多錢的東西

（我通常是檢視過去三個月的交易紀錄），以及十項我喜歡花最多錢的東西。寫完之後，再將這二份清單拿來比較，看看相似度多高。

✍現在要請你也寫下這樣的二份清單，再依據清單的內容，思考你想改變目前哪些花錢的方式（清單範本請見 buyinghappiness.com.au）。

你完成清單之後，也許會發現你花了很多錢在自己不見得在乎的東西上（例如你覺得三明治就很好吃了，那你就不見得會在乎美食），卻沒花多少錢在真正能讓自己快樂的東西上（例如健行讓你覺得脫胎換骨，但你卻很少去）。只要認真思考，調整預算，就能解決這種想做的與實際做的不一致的問題。也許你會發現，你最喜歡做的某些事，其實不需要花很多錢，就可以常常做。

主動調整你的預算，把錢花在你最重視的東西上，是最好的起步，但是該怎麼追求更大的目標？所謂更大的目標，包括買下人生第一間房子、終生難忘的全家度假，或是達成財富自由（第十章會詳談）。大目標需要大計畫，往往也需要較大的改變，不是區區取消幾個煩人的訂閱就能解決。所以該怎麼把大目標，分解成能實現的小目標？這就來研究！

## 首先先設定目標

好，你已經知道你的錢都花到哪裡去，也漸漸了解你重視的是什麼，現在可以設定一些你想完成的目標。設定目標最重要的，是要倒推回去，才能確定目標是務實的（一旦達成也會更開心），也要擬定達成目標的計畫。我喜歡隨時維持一個短期目標（能在零至十二個月完成），一個中期目標（十二個月至五年完成），還有一個長期理財目標（五至十年以上）。三種目標都只能各有一個，不然就會太複雜，我一個也完成不了。不過設定目標就跟個人理財的其他方面一樣，取決於你還有你的情況，所以你要思考怎樣的目標最適合你。這些只是大致適合我的時間表！

我們從短期與中期目標開始。一開始先設定時程較短的目標比較容易，因為你可以控制許多變數。以「明年花八千澳元出國度假」的目標為例。我建議用以下的方式進行。第一，盡量了解你需要的金額與時間，就能定出大致的目標。再將大目標細分為每月需達成的小目標。例如要存到八千元，每個月需要存六百六十多元。我喜歡為這樣的目標，專門開設一個銀行帳戶，就能清楚掌握進度。接下來就該看看你在這一章稍早算出的收入與支出，就能了解究竟有沒有六百六十元可以存。如果有，那太好了！你可以設定每月自動轉帳六百六十元，到你的度假基金儲蓄帳戶，直到達成目標。

萬一目前每個月沒有六百六十元可以存怎麼辦？那也一點都不奇怪！我覺得你有幾種選擇。達成目標所需的金額與時間，往往是可以調整的，所以不妨想想哪些地方能調整，才更有可能達成目標。也可以減少開銷，每逢月底就有更多錢可以存下。若是得到退稅之類的意外之財，也可以直接存入專屬帳戶。另外還可以考慮加班與打零工。

我喜歡設定短期與中期的目標，因為這些目標通常可以細分為容易完成的小目標，也有明確的終點。但我們的夢想有時候稍微大一些，這時就需要長遠思考。要追求財富自由之類的大膽目標，最好倒推回去，把大目標分成幾個小目標。我們稍後會詳談財富自由，所以現在先以一個例子說明，財富自由這樣的大目標，能如何細分成可行的小目標：

我希望我的投資組合產生的收益，能應付我的生活所需，我即使沒有正職，基本的生活開銷也不成問題。（我還真敢作夢啊！）假設我的開銷大約是一年四萬澳元，我估計至少需要拿出一百萬澳元的資金，分散投資。除了中樂透之外，還有什麼辦法可以達成目標？我大概需要每月投資一千一百澳元左右，連續投資二十五年，假設二十五年的年平均報酬率為百分之八（不含費用與稅金）。我目前無法每月投資一千一百澳元，所以要想辦法增加收入，減少支出，另闢財源。我會盡可能將整個過程自動化，也會經常檢視我的進度。

定下理財目標，也務必時常檢視你能控制的作業進度，例如投資金額，不要煩惱你無力控制的因素，例如每個月的投資報酬。舉個例子，身為投資人的你，根本無力控制市場的走向。你的計畫再好，也要有充足的時間才能奏效。很多人犯的錯誤，是訂出了長期目標，卻急著想看見績效，一旦績效不如預期，就失去動力。雖說確實應該經常（每月或每季）檢視進度，但也要將目光放長遠。

✍現在要開始行動了。把一切整理好，現在就寫下你最重視的一個短期目標，一個中期目標，以及一個長期目標。再大致想出達成目標的計畫，還有一些有助於實現計畫的構想。你的長期目標也許包括投資，我們稍後也會談到。別擔心，現在還不需要規畫得太詳細！你可以慢慢把計畫調整得更周詳。

## 讓你的目標自動完成

我發現打理財務有時候真的超累人，所以我盡量設定自動化作業，尤其是對我的理財有益的事情，例如還債、存錢，以及投資。我有一筆自動化的每月定期投資，執行到現在將近七年，只有幾年前小小中斷一次。我每次檢視帳戶餘額，都會發現定期小額儲蓄或投資，久而久之就會有驚人的報酬。而且還能自動完成，不必費心，豈不是更美妙！

你現在設定了目標，可以想想哪些作業能自動化，就能更輕鬆達成目標。設定自動化作業，你就不會看見實現理財目標所用的資金，也不必去想（直到需要動用的時候）。在理財路上的每個階段，你不需要特別記住該做的事，也不需要特別思考該怎麼做，就能持之以恒完成。例如，假設你決定每個月存二百五十澳元，就可以設定在每個月的發薪日，從你的銀行帳戶自動轉帳二百五十澳元，到你的儲蓄帳戶。你就不必抽出時間坐下來，以人工執行交易，**而且**錢不在你的支出帳戶，你就不可能把要用來實現理財目標的錢隨便花掉！

大多數的銀行，都能讓你設定不同帳戶之間的自動交易。有些銀行甚至能讓你將薪水，按照你指定的比例自動分配。有些銀行提供的自動餘額轉帳也很實用。自動餘額轉帳的概念，就是將每一筆消費取整數（通常是「元」，不過有些銀行也開放用戶自行設定），將差額存入指定帳戶。例如我花了四塊五毛錢買咖啡，系統就會將五毛錢自動存入我的旅遊基金帳戶，小錢累積起來可是很可觀的！

最後，要記得樣樣自動化也許並不適合你。會讓你花錢、有損你未來的財富的東西，還是增加一些阻力比較好，Apple Pay 不就是嗎？其他不該自動化的東西，包括每月的訂閱費（你已經不再使用，卻忘記取消的服務），以及大額的年繳費用（你也許可以比價，或是商量出更好的費率）。

✍你在這一章要做的最後一件事，是依據你的理財目標，在你的銀行帳戶設定自動轉帳（第八章會談如何將投資流程自動化）。

## 幫你抓重點

也許你不太相信，但運用我在這本書前二章介紹的步驟，累積理財信心，絕對有助於日後致富。了解自己的財務現況，朝著目標努力，就會有更多時間與資源，讓自己的人生更快樂，也能好好經營理財之外的人生大事。

- 有錢可以解決金錢方面的問題，但重點是要專注在自己的理財之路，不要拿自己的淨值與別人比較。
- 別把淨值當成你的價值。沒有虛度的美好人生，絕不是區區金錢所能衡量。
- 要多方嘗試，找出最適合你的預算法。要記住，預算只是一個要讓你的錢生錢的工具。
- 要了解自己的錢花在哪裡，還有你喜歡把錢花在哪裡，看看能不能想花在哪裡就花在哪裡。
- 設定一個短期目標、中期目標，還有長期目標，研究能將哪些達成目標的作業自動化。

第三章

# 培養理財心態

## 探索你的經歷，與過往的理財錯誤和解，改正狹隘的理財觀念

人生的奧妙不在於僅僅活著，而在於找到活下去的理由。

——俄國作家杜斯妥也夫斯基

假如你今天中了一百萬澳元，會怎麼用這筆錢？思考這種假設性的問題很有意思。很多人以為有了這麼大一筆意外之財，往後的人生一定優渥得很，但美國的彩券中獎人，在中大獎之後的三至五年間宣告破產的機率，比一般美國人還高。而且他們長期而言，也不會比一般美國人更快樂。有些研究甚至證實，他們中大獎之後，從散步、喝咖啡這些尋常活動得到的樂趣，反而**比較少**。

行為對於理財成績的影響，高於智商、人脈，以及資歷。所以培養健康的理財

心態非常重要。在這一章，你要更了解自己，要想想「我現在的心態，對我是否有益？」理財才會更順利。首先要探索你的理財經歷，去除有害的狹隘理財觀念。我也會提出一些建議，助你與過往的理財錯誤和解。這一章講的東西看似簡單，卻有很多重要的道理，讓你得以打造你熱愛的生活。

## 你的理財經歷是什麼？

你還記得小時候哪些關於金錢的事情？爸媽是否給你錢，讓你去學校福利社買東西，還買給你二手的學校制服，付跳舞課的學費？你們家可曾談過錢的事情？全家可曾一起採購日常用品？是否兼差？爸媽可曾對你說過，家裡沒錢帶你去動物園玩？你們可曾全家出國度假，還是夏天就在家附近工作？

我之所以喜歡跟別人聊用錢的話題（第五章會提供一些談話的方向），原因之一是我想了解，怎樣的環境與經驗造就了現在的他們。不過撇開我的好奇心不談，了解自己的童年經歷與現在的環境對於理財行為的影響，確實很重要。例如我們家向來鼓勵我用金錢換取資產以及有意義的經驗，不贊成我買物質的商品。家裡灌輸的價值觀，對我的行為有長遠的影響，有時候也不見得符合我的價值觀。我有時候上網買東西，甚至還刻意請店家送到我朋友的地址，因為不想被爸媽責備，但這也就代表我並不是完全樂在其中。幸好我找到了能讓自己開心的途徑，再也不會為我花錢的方式感到羞愧。我刻意把錢花在能讓自己快樂的事物上。

一個人兒時的經歷，也會影響對投資的態度與風險容忍度，而這二項都與你往後的個人理財有關。我們設定理財目標、投資、創業，或是規畫退休，都有可能憶起這些最深刻的回憶，而這些回憶對你的理財的影響有好有壞。你越了解從小到大處理金錢的經歷，到了要做理財決策的時候，就更清楚自己的價值觀與傾向。

現在，要請你想想你自己與金錢交手的經歷。建議你準備一杯咖啡、一本筆記本，花三十分鐘回想小時候處理金錢的經歷，把記得的全都寫下來。

你記得自己得到或經歷哪些特別的東西，又常常錯過哪些特別的東西？寫下兼職、買過的大大小小的東西、度假、財務糾紛、課後活動、父母的職業生涯與理財經驗、零用錢，總之就是想到什麼就寫什麼。也許你會發掘一些你已遺忘的回憶或感受。也要思考你覺得自己比同學、朋友、鄰居更富有，還是更貧窮。我們的感受，往往會受到自己與周遭的人的差異影響。

等到記憶一一浮現，無論看起來多重要，或是多不重要，都要把整個經歷放在一起看。你從中發現了哪些心得與規律？你之所以害怕投資，會不會是因為小時候看見家人損失慘重？也許你身邊沒人存錢，也沒人設定目標。你們家是崇尚財富，還是排斥財富？你從小到大的理財決策，是否有一定的規律？想想過往的經驗對你現在的行為的影響。

這就是你的理財經歷。要了解它，但也要知道你有能力改變它。你能主宰接下來的理財旅程。

## 你能改變你的經歷

有時候應該轉身離去，但有時候克服難關才是正解。當下往往很難判斷怎麼做才對，事後回想又容易感到懊悔。不過，從來沒有人對我說後悔好好理財。舉個例子，知道自己還要很久才能還清債務，確實很難接受，但美國作家格倫儂．道爾說得對，你有能力克服難關。

我不會擺出高高在上的姿態，不會對你說：「我能做到，你也可以。」你我的經歷並不相同。每個人的起點都不一樣：有些人搶先起跑一百公尺，有些人則是連起點都看不見。你在這一章回顧過往經驗，也許想起了一些不願再有的經歷與感受。注意到這些，承認這些的存在，是我們必須踏出的第一步。然後再朝著新方向慢慢前進，不必心急。如果你從來不曾存錢、投資，那就要給自己時間學習。這並非一蹴可及，但一年後的你回顧過往會感到驚訝，竟然能徹底改變自己的故事。

## 你的「為什麼」是什麼？

你了解自己的過往經歷，現在該聚焦在未來。想知道你心目中理想的財務狀況是如何，就要先了解，為何必須整理自己的財務。我認為累積財富說穿了就是選擇。我選擇好好經營我的事業，多跟家人相聚，踏上長期的冒險之旅。所以我知道我的「為什麼」，那你的為什麼又是什麼？你完成了上一章的活動，就會知道你喜歡把錢花在哪裡。現在也要考慮時間的因素，因為運用金錢可以在人生做很多事情，但不可能一下子全都做完。要把事情分出優先次序。

好友歐文・雷斯克建議用下列的練習，徹底搞懂自己此生想追求的是什麼。我們很少會關閉自動駕駛模式，認真思考自己對人生的規畫。而且你在完成這項練習的過程中，說不定會發現，現在就能做出的小小改變，能大大提升你的快樂。

花點時間回答這些問題，要知道你可能要花幾個星期的時間做這項練習，才能真正弄清楚。以下是我自己做這項練習的過程，還有我的答案。參考我的範例，也別忘了自己拿紙筆做喔！

想想你喜歡的所有事物（一一列出）。

我喜歡：

- 跑步／走路
- 深談
- 一對一時間
- 挑戰自己
- 用功學習
- 看書閱讀
- 小組作業

再想想你不喜歡的事物（一樣一一列出）。

我不喜歡：

- 擁擠的環境
- 看太多電視
- 整天待在屋裡
- 吃垃圾食物
- 家人、朋友、工作上出狀況

列出這些之後，再請你想想這些項目該如何增減，才能營造理想的一天。你能想像越多細節越好！

現在要更進一步，想像理想的工作天與休閒天。我也會列出我的答案給你參考。

你理想的星期二是什麼模樣？（要從你起床開始說起，直到就寢。星期二是工作天。）

這一天的開始，我會在家裡用自己的茶壺，泡一杯茶給自己喝。

然後我會步行或跑步當作運動。
我會跟其他人一起做有意義的工作，最好能碰面合作。
下班之後我會學新東西。
我會跟朋友一起準備健康美味的一餐。
然後再回頭看一本好書，結束完美的一天。

你理想的星期六是什麼模樣？（要從你起床開始說起，直到就寢。星期六是休閒的日子。）

週末放假日的一開始，我要在河邊跑一大段路，鍛鍊身體。
我要煮一頓豐盛的早餐，慢慢享用，反正不急著出門。
我會跟朋友一起邊喝咖啡邊散步。
我要花些時間學新的東西，或是做創意工作。
我要跟家人一起喝杯好茶。
然後我要做點好玩的事，例如跟朋友一起參加即興喜劇表演或是知識競賽。

最後，我要跳到新鋪的床上，好好睡一覺，結束完美的一天。

你現在的星期二與星期六，離你的理想有多遠？我們現在的日子，跟理想的日子差距往往沒那麼遠，也許你現在做出改變，就能離理想近一些。例如，你要是希望一早起來就先去散步，那能不能調整早晨與晚上的作息，以這個目標為重？你現在的日子跟理想的日子要是差距甚遠，你該徹底改變哪些地方，才能縮短差距？舉個例子，你若想有更多時間與親朋好友相聚，那你能改變哪些地方，才能以這個目標為重？

現在要請你循著這個思路，完成一份願景表。麻煩耐心聽下去，我說的不是海灘照片、一疊現金，還有你多年夢想的身材組成的那種願景。我說的是務實得多的事情，額外附加一點你渴望的東西。

你可以在下方的表格（或到 buyinghappiness.com.au 網站下載），依據你剛才寫下的描述與列出的項目，以十年為單位，將你喜歡的東西與理想的日子，與你的目標結合。你可以拿紙筆做，也可以用 Google 文件或是 Notion 之類的數位工具做，但終究要將你想實現、體驗，或是購買的東西，盡量寫得詳細一些，才能設想自己努力的目標。

**表一：願景表範本**

| | |
|---|---|
| 二十幾歲 | |
| 三十幾歲 | |
| 四十幾歲 | |
| 五十幾歲 | |
| 六十幾歲以及以後 | |

想想你希望達成、學會、實現、體驗，或是購買的每一樣東西，全都寫進願景表裡。再把未來十年可能發生的事情，寫得詳細一些，看看有哪些符合你的願望。如果牽涉到時間與金錢，也要想想如何融入整個計畫。你在上一章學到很實用的設定目標的技巧，現在就是發揮的時候！再把這個願景表，放在你會經常看見的地方，時時提醒自己為何要為往後的財富努力，尤其是在動力不足的時候。

製作願景表的重點，是以更宏觀的角度，思考只能活一次的人生，如何才能發揮最大的價值。製作願景表也必須訂出優先次序。例如有些事情在二十幾歲的時候做起來很輕鬆，到了晚年恐怕就不容易做。況且你可能會發現某些想做的事，比較適合在人生的某些階段，花更多的時間與金錢去做。另外，也要想想，你今年大概沒有資源完成你想做的每一件事，但你說出想做的事，就**可以**努力實現。

你會經常使用願景表，願景表也能整合你在這本書學到的所有東西。別怕麻煩，若有需要就盡量調整表格的內容，直到最好的版本出現！

## 破除自我限制的理財觀念

你逐漸建立理財的基礎，仔細檢視你的理財歷程，開始思考自己希望如何運用時間與金錢，也許已經碰到一些障礙。這是正常的。畢竟你做的是從未做過的事情，也在挑戰過往的選擇，想像自己可能實現的未來。你的大腦也會想出一堆做不到的理由。我們自己想出的這些妨礙我們實現目標的想法與說法，就叫做「自我限制的信念」。

如果你曾有過下列念頭，請舉手：

- 我不夠聰明。
- 我不擅理財。
- 我沒時間。
- 我一輩子都不會有錢。
- 我不配有錢。
- 我怕做出錯誤的選擇。

自我限制的理財觀念不少，上述只是常見的其中幾種。你可曾有過這些念頭？這些想法雖說沒錯，卻會妨礙你主宰你的理財之路。重點在於，每個人的背景不同，處理金錢的經歷也各有不同。如果你曾有過上述一項，甚至不只一項的想法，那我想請你思考，這種心態對你是否有益。你的這種思考模式，對你日後的理財是否有益？有些聽眾對我說，他們之所以沒能掌握自己的理財之路，多半是因為懷有上述的想法。世界經濟論壇在全球各地進行調查，發現很多人之所以還沒開始投資，也是因為上述原因。

也許你無法立刻改掉長年的想法，但只要願意接受新知，改變觀念，久而久之理財的信心就能提升。承認你的財務現況，是改善財務的第一步。所以我們現在就要一一檢視這些常見的自我設限的金錢觀，想想該如何破除。下列是我提出的幾個構想，你也可以發揮創意，做些研究，想想哪些適合你。

**我不夠聰明。**

關於正確理財與正確投資，最常見的錯誤觀念之一，是以為一定要搞得很複雜。但其實投資幾檔最簡單的ＥＴＦ，組成核心投資組合（看不懂也沒關係，我稍後會解釋）。不需要博士學位，不需要光鮮亮麗的財經資歷，就算對數字不靈光，也照樣能獲得不俗的長期投資報酬，奠定財務基礎。但人人都必須具備基本的理財知識，從而發展出正確的理財行為。

**我不擅理財。**

也許現在的你**還**不擅長理財。所以要繼續看這本書，每週要抽出時間，了解一項關於你自己的財務的事情。你時常採取行動，就再也不會不擅理財。

**我沒時間。**

每天抽出十五分鐘，或是每週抽出一小時打理財務，要養成習慣。固定付出這些時間打理財務，對未來的你大有助益。所謂時間，只是我們如何分配優先次序。該做的事永遠做不完，所以要把大事細分為小事，訂出優先次序。

**我一輩子都不會有錢。**

這是一種常見的觀念，也是很多人永遠沒有踏出投資的第一步的原因。即使是小額投資，只要耐心等待，久而久之也能積聚一筆大財。很多投資人的起步跟你一樣，所以你只需要一步一步慢慢來，想想你「為何」要投資即可。

**我怕做出錯誤的選擇。**

不做選擇也是一種選擇。你並不需要規畫到萬無一失才開始，可以邊做邊學。要抽出時間做功課，弄清楚你現在的財務狀況，就從這裡開始。要穩紮穩打！

還有一些想法供你參考：

- 你可以將儲蓄與投資自動化，減少一些選擇與決策疲勞。
- 給自己訂出期限，就不會拖延、過度思考。
- 要記住，與其等待一切完備，不如採取行動。
- 要想想等待的機會成本。舉個例子，花一年的時間尋找最好的經紀商，就代表要延後一年，才能享受複利的好處。

✍你現在該做的，是找出你有的一種自我設限的理財觀念，試試看如何破解。也許你需要多試幾種，才能找到解決方案，但一定要持續努力。

我接下來還要介紹二種策略，我認為對於這本書大多數的讀者，應該說大多數的人來說，都很實用，能直接破除自我設限的觀念，讓你開始行動。

## 重新架構你的認知

你採取的每項行動，都是對你想成為的人投下一票。

——美國作家詹姆斯．克利爾

自我設限的理財觀念有礙我們日後的理財，有個破除的辦法，是重新架構，就能產生新觀點。別再思考你**不能**存錢或投資的原因，應該把自己當成**可以**理財，**能**處理自己的財務，也**是個**投資人。雖然感覺會很奇怪，但還是要請你大聲唸：

**我正在學習好好理財。我有能力應付人生中的財務問題。我能為了我的目標存錢，也能投資。**

重新架構你的理財認知需要時間，也需要經常以正向的理財行動強化。這聽起來很麻煩，但若是不做，那你的理財心態就永遠有問題。暢銷書《原子習慣》作者詹姆斯．克利爾，建議你對自己說：「我是……的人」重新架構你的認同。你對自己說：「我是會為想買的東西存錢的人」而不是說：「我想存錢」這句話就會漸漸融入你的認同。

如果你曾對自己說：「我不擅理財」那我們這就來看看該如何重新架構。首先要稍稍調整你對自己說的話。例如你可以對自己說：

**我正在學習好好理財，才能達到我自己訂出的儲蓄目標。**

與其一下子就想達成很大的理財目標，弄得自己不堪負荷，不如先訂出幾個小目標，等到你對新的認同更有信心，再（慢慢）增加目標。你自己會一點一滴慢慢相信，你也能將自己的財務打理好，也會有實際的成績向自己證明。正如詹姆斯．克利爾所言，你採取的每項正向行動，都是對你想成為的人投下一票。

現在該你了。你的財務有哪個方面，也許是我剛才說過的哪個自我設限的理財觀念，需要重新架構？不妨先從改變你對自己說的話開始，想想哪些方法能強化你重新架構的理財認同。

## 脫困

在學習與規畫的階段很容易困住，尤其是你剛開始理財的時候。你在看這本書，就代表你很想開始行動，但也許你覺得從學習跨越到行動比登天還難。重點是，理財是一種實戰技巧，而不是理論技巧，所以光說不練是不行的。

我常常提醒自己，天底下沒有最適合理財的完美環境。我們只要認真找，不愁找不出不還清債務、不存錢、不投資的藉口。我們只要知道，做事情永遠不會有最好的時機，也不會有最好的方式，壓力就能減輕很多，不會非要等到一切就緒，才開始理財。

是，學習跟做好計畫都很重要，分析癱瘓也確實可能發生（下一章會詳談），但不要一直停留在這裡。你是不是已經大致了解，也有了概略的計畫？如果是，那就該開始行動。除非有所行動，否則什麼也不會改變。

現在該你上場了。選擇一項你一直想做的事，今天開始行動。你不需要等到一切就緒才開始。

## 化解理財上的遺憾

我跟剛開始投資的人交流，最常聽見的，是他們感到很遺憾，沒能早個一、二十年了解投資與複利，開始行動。看著複利計算機上的數字，發現十年、二十年的差距有多大，心裡確實會很不好受，但也不要太苛責自己。應該要專注在眼前的知識與資源，而且要善用時間。

我們受到遺憾心態影響，會覺得自己錯過了班車，而且錯失的時間再也彌補不了，如此一來就很難達成目標。我想出五種方法，能盡量減輕理財路上的遺憾，避免影響到日後的理財。

## 方法一：現在就行動

我要是覺得我錯過了上車的機會，或是責怪自己沒有做哪些事，就會努力將這些感受化為行動。我無法改變以前的我的決定，但我絕對**有能力**主宰現在的決策。現在就把這些感受化為行動。訂出儲蓄計畫，找會計師打理稅務，或是開始整理早該整理的退休帳戶。無論你覺得早該知道的是什麼事，現在就去做。現在就開始打造你未來想要的財富。

## 方法二：想想你做決策的方法

如果你的目標是盡量減少人生的遺憾，那在做理財決策的時候，一定要想想你做決策的方法。從未來的角度，思考現在正要做的決策。從這個角度思考你的決策，據此行動。

同時也要記得，你在人生做出的很多決策，並不是非好即壞。你現在做的理財決策的結果，通常並不會影響你一輩子。你現在決定投資某一檔ETF，或是跟某一家經紀商合作，並不代表你明天不能改變主意。你越來越了解自己，對於理財越來越有信心，你所做的理財決策也會有所改變、演進。這是正常現象。要記住，你可以改變主意。

## 方法三：打造自己的成功之路

我超贊成設定目標、製作願景表，因為這二項工具能讓我們了解自己的目標與優先次序。如果你還沒完成，那就請你回頭完成先前介紹的願景表，再選出一個短期、一個中期，以及一個長期目標，專心經營。你此生的遺憾就會少一些。另外還有個好處，你日後回顧以往，就會發現完成的都是對你來說很重要的事情。為了沒做到對你來說其實不重要的事情而難過，根本沒有道理。

## 方法四：承認有時候就是得花錢

人生很難做到平衡，要平衡支出、儲蓄與投資更是困難。為了達到平衡，你必須有所取捨，是現在花一百澳元換取經驗，還是將一百澳元拿去投資，十年後就會變成超過二百澳元。我們也許會遺憾，沒能達成某些理財目標，但也應該要反過來想。你要是沒參加那次家族晚宴，或是沒跟朋友一起出遊，會不會感到遺憾？雖然很為難，但有時候就是得花錢。

## 方法五：開始談理財

有句話說的沒錯，不知道的就很難察覺。你跟家人、朋友、同事聊的越多，就會知道越多可能性。而且誰也不知道談理財能引發怎樣的連鎖反應。我不會刻意美化。理財這個話題並不容易聊，但不容易並不代表不該做。第五章會更深入探討如何談理財。

## 幫你抓重點

哇，這一章的內容真多啊！如果你完成這一章所有的活動，那希望你能暫停一下，拍拍自己的肩膀，鼓勵一下自己。調整心態對你的理財之路非常重要，也會深深影響你設定長期理財目標，還有你實現目標的方式。你也會更加善用金錢與時間，優先處理重要的事情，逐漸減少妨礙你達成目標的因素。

- 你的理財經歷很重要。花些時間了解你從小處理金錢的經驗，以及這些經驗對現在的你的影響，未來就能做出更理想、更睿智的決策。
- 有錢確實很好用，但你若不知道該如何將錢花在你很重視的地方，那有錢也不見得能買到快樂，所以要搞清楚你的「為什麼」。
- 自我設限的理財觀念，會害你無法改變人生，也無法達成目標，但你可以重新架構你的理財觀念。換種方式向自己傳達理財觀念，再以持之以恒的行動予以強化。
- 不要因為懊悔過往的理財錯誤，就不再往前走。要學到教訓，善用你眼前的資源，以正向的行動，改變你日後的財務。

# 第四章
# 修理大腦
## 克服常見的行為陷阱，包括害怕犯錯及分析癱瘓

擁有「足夠」的金錢後，並不代表你不想要更多錢。反而是當你發現你的獲利趕不上你的期待時，就會時時感到失望，也會因此承擔太大的風險。

——摩根．豪瑟

我們開始存錢與投資，就會發生一件怪事：大腦開始要弄我們。心理學家稱之為「行為偏誤」。行為偏誤會導致我們做出不理性的理財決策，急著參與「下一個大賺的機會」，即使握有不知該如何好好運用的錢，心情也始終深陷低潮。

我們都希望能更擅長理財，人生能更快樂。要想實現目標，必須克服常見的幾種行為陷阱。我會提出一些克服行為偏誤的方法（也可以說是修理你的大腦的方

法），讓你即使遇到困難，也能保持穩定與理性。雖然很難完全克服這些陷阱，畢竟我們只是凡人，但在這個理財領域，知識仍然是力量。

## 害怕犯錯

你可曾有把錢搞丟的經驗？我記得有一次在學校放假期間，我存了二十澳元的零用錢。有錢不花可真難受，我把這筆錢帶在身上，等著要花在第一樣吸引我目光的東西上（大概是甜點）。沒想到悲劇降臨。二十元在路上從我的口袋溜出，到遼闊的世界遊歷。我心都碎了。得到二十元的快樂，遠不及失去的痛苦。

我現在憶起這段往事，雖說覺得有些誇張，但也很像許多成年人每天面對的事情：害怕因為犯錯而虧錢又傷心。重點在於，同樣金額的一筆錢，我們害怕失去的恐懼，遠大於賺到或得到的喜悅。

害怕虧錢的心態只要不會太嚴重，當然是好事。這本書要講的主題，畢竟是用金錢換取快樂。但若是因為恐懼而完全不理財，問題就會開始浮現。專家將這種重視虧損（甚至只是虧損的概念）更甚於獲利的傾向，稱為「損失規避」。

想一想。你是不是害怕損失？損失對你來說是不是一種切身之痛？你可曾因為害怕損失（或失敗），而不肯在人生的某些領域踏出第一步？這種感受可能以各種方式浮現。例如你本來打算投資，大腦卻突然跳出來警告你可能會賠錢，其實這也是實話。投資難免有風險。但長期投資也確實能累積財富，也是打造你想要的財富的利器（第八章會再深入探討）。刻意迴避理財的恐懼感與焦慮感，這些感覺不但不會消失，反而會日漸累積，你也就越來越難踏出第一步。

那該怎麼修理踩煞車的大腦？以下是我的建議：

- **多花點時間研究**。你越了解金錢與投資運作的方式，在不確定的狀況，就越是能按照計畫走。
- **要有明確的計畫**。寫下你的計畫，包括投資的項目、金額與頻率，還有投資期間與目標。恐懼若是再度襲上心頭，就回頭看看這個計畫，提醒自己現在的努力為何很重要。
- **從小額開始**。你不需要一開始就把手上的錢全數投入。先小額投資，慢慢累積信心。
- **定期投資**。除了從小額開始之外，也要養成定期投資的習慣。

- **想想自己已有的成績**。你應該有個從前害怕、但現在完全敢做的事情。想想你當初是如何克服恐懼，用這個例子向自己證明，你能堅持下去。
- **要善待自己**。理財是個大學問。在理財的路上要善待自己，無論是搞懂理財，還是養成投資的習慣，都需要時間。

下次你要是因為害怕犯錯而不敢行動，就再回頭看看這些建議，一一照做。誰都不想犯錯，但也要接受犯錯是學習過程的正常現象。而且我們絕對不能犯最大的錯誤：從不開始。

## 分析癱瘓

你滑著 Netflix，在思考要看哪個節目。有幾個推薦的節目看起來不錯，你能看見其他觀眾正在看哪些節目，還能看預告片。但你很有可能滑了一小時，還沒決定要看什麼。這就叫分析癱瘓。分析癱瘓會害你無法享受電影之夜，還會害你無法累積財富。

現在的我們從銀行帳戶到投資機會，擁有的選擇如此之多，即使看了那麼多評論，比較過費用，也分析過優缺點，卻感覺還是很難做出最妥適的決定。而且擁有更多選擇也不會更快樂。心理學家貝瑞・施瓦茨甚至主張，「我們的選擇越多，心情反而越糟。」好不容易做了決定，又擔心做錯了決定。施瓦茨稱之為「決策幽靈」。我們有這麼多選擇，自然會想做出「正確」的決定，因此會想一直研究、研究、研究，那要如何避免分析癱瘓？

分析癱瘓說穿了就是決策問題，所以我們就當成決策問題處理。買股票需要經紀商帳戶，對於我認識的人而言，選擇經紀商帳戶很容易引發分析癱瘓（第八章會詳細解說）。接下來我會告訴大家，如何因應這種分析癱瘓。建議你在決策過程中做筆記，往後就能從你做出的決策歸納出心得，也能思考你當初為何如此決策。我建議以下列方式進行：

- 首先你必須知道要解決的問題是什麼，搞清楚困境何在。先寫下所有你認為在決策之前，必須知道的資訊。要是沒完成這一步，你就會困在沒完沒了的研究，永遠都覺得無法做出選擇。
- 再研究你寫出的資訊，寫下你的發現。這就是你往後決策的基礎。

- 按照你的發現，列出選項。再將選擇的範圍，縮小到符合你的需求的三個經紀商帳戶。選項若是超過三個就會太多，難以抉擇。
- 現在要開始嘗試。給自己一段時間，在你選出的三家經紀商開戶試用。記下這三家的優缺點，評估是否符合你的需求。重點是要訂出試用期過後的決策日，使用你最終選定的帳戶（要記住，選定之後並非不能更改）。最好能找一位朋友監督你的決策流程。
- 決策的時候到了。依據你蒐集的資訊，以及試用各家經紀商應用程式的經驗，做出最能解決你的問題的選擇。這個選擇不需要完美，但你必須做出選擇。

要記住，不做決定也是一種決定。比方說你不選擇在哪一家經紀商開戶投資，投資的時程就會延誤。這也是一種選擇，也許對你來說是正確的選擇，但重點是你心裡要有數。

如果你也有分析癱瘓的問題，那最好提醒自己，理財是不可能做到完美的。人生充滿變數，一味追求完美，就會遲遲無法行動。所以要摒除追求「完美」的心態，了解的資訊只要夠踏出小小的第一步即可。你走的每一步，都有助於增強信心，不必等到有了信心才要採取行動。

現在要請你找出一件已經讓你陷入分析癱瘓一陣子的事情，再想想現在能做出哪一個小小的行動。

## 害怕錯過（FOMO）

你留意過去十年的財經新聞，就會發現極多一夕致富與一夕破產的例子。類似的例子包括 GameStop、加密貨幣，以及島上的神祕音樂節。但這其實不是現在才出現的現象。只要有錢有利益，就有貪婪與狂熱。遇到似乎不容錯過的大好投資機會，很容易陷入團體迷思。而且別人都加入，就你沒行動，那當然是你的問題……對吧？

問題是，在理財方面，群眾（或是聲量最大的人）可能會誤導你。害怕錯過是人類常有的心態，會導致我們做出不理性的行為，而且不顧事實，認定自己是對的。研究也證實，害怕錯過的心態會增加妒忌之類的負面情緒，降低自尊，整體的生活滿意度也會下降。這與我們追求的目標恰恰相反。

你在理財方面，可曾有害怕錯過的經驗？你可曾將自己的財務狀況，與其他人比較？對你的情緒還有決策過程，又有怎樣的影響？

下列是幾種對抗害怕錯過的心態的方式，讓你累積財富的同時，也能避開從眾時常會遇到的問題。

- 測試你的理解程度。你能不能以簡單的語言向朋友解釋一項投資產品的內容，或是一家公司的業務？如此測試就能得知你是做了功課，還是只是聽見新聞，或是聽計程車司機推薦。要是做不到，那就該再想想要不要投資。
- 寫下你的投資目標，以及你做出每一項投資的原因。把這張紙放在你常看見的地方，在市場有所波動，或是恐懼與害怕錯過的心態作祟的時候，就回頭看看。
- 把手機上的微型投資以及經紀商的應用程式移除。這並不是說不要再投資，只是要避免你一時衝動，沒想清楚就偏離原本的計畫。
- 減少生活中的雜訊。不要因為全國廣播公司商業頻道（CNBC）或是彭博的新聞標題，或是推播通知，就改變你的投資策略。應該要花時間做功課，判斷原本的投資計畫是否已有變化。

- 要保持謙卑。一旦累積了一些投資經驗，就很容易高估自己的技巧與知識，也就會開始犯錯。你的投資策略應該要維持簡單，別想要智取專業人士。
- 在理財的路上，要盡力保持快樂，不要經常跟朋友、家人、同事或是社群媒體上認識的陌生人比較財力。

## 心理帳戶

一塊錢的價值永遠都是一塊錢，對吧？不見得。有一種概念叫做「心理帳戶」，意思是一塊錢的價值，遠超過表面所見。一塊錢有時候感覺像五毛錢，有時候又像一塊五毛錢，會隨著錢的來源與去處而不同。也許你曾在不知不覺間經歷心理帳戶。例如你收到有儲值的禮物卡，會發現花用禮物卡裡的錢，比花用自己的生活費用帳戶裡的錢容易得多？我自己不太願意花錢按摩，但我要是收到別人贈送的禮物卡，或是送票券給朋友，那就樂意得很。這種心態還真奇妙！

人類有個特質，理財生活的不同領域，在我們心中會有不同的重要性。我們會依據下列各項，決定用錢的規則與金錢的價值：

- 金錢的來源（例如固定的薪水、退稅，或是別人贈送）
- 金錢的去向（例如壽險、出國旅行，或是修理壞掉的水龍頭）
- 情況帶給我們的感受（例如計畫之內的維修，以及意料之外的維修）
- 我們的價值觀（願意把錢花在哪裡）

想像一下，你剛拿到一千澳元的退稅。你要是跟某些人一樣，那你得知即將退稅，就會開始想像這筆錢的各種用途：名牌運動鞋、週末度假、音樂會門票……其中很多是十分鐘前的你不打算買的東西。這就是心理帳戶的運作。

我們受到心理帳戶影響，可能會胡亂奢侈消費，因為收到的錢與花用的錢在我們心中的價值，會因為心理帳戶而改變。既然我們的大腦有這種傾向，那就必須提醒自己，要重視每一塊錢，無論錢的來源與去處。比方說我們除了正職之外，也做副業賺錢，這二種收入都該同樣重視，而不是將副業收入當成「額外的錢」。

想擺脫心理帳戶，關鍵在於花錢要有規畫。你得到意料之外的收入（例如退稅），若是嚴格遵守你的理財目標，那你對於這筆錢的分配，就能讓現在的你與未來的你感到滿意。無論是將錢存入退休帳戶，或是用於度假（也許二者都做），總之別讓心理帳戶的陷阱，扭曲你對於收入或支出的看法！

接下來你該如何理財最理想？得到意外之財，例如退稅、獎金或贈禮，要好好規畫。別把錢花在不符合你的目標與價值觀的事物上。而且若能善用這筆錢，就能朝著你在第二章立下的目標前進一大步。現在先花點時間，寫下你要如何運用這筆想像中的錢，即使是寫在手機上也沒關係。說不定意外之財來得比你想像得還快！

## 短視想法

即使有堅實的長期目標，也要當心我們短視的天性。只在意短期報酬，指望投資能立刻獲利，是很多人的毛病。問題是眼光短淺，就會做出不利於長期發展的決定，害得自己犯錯、虧損。

想避免短視思考，關鍵在於專注在長期理財目標。可以參考下列方式：

- 你寫下理財目標的時候，要考量實現短期、中期，以及長期目標所需的時間，以常理判斷是否合理。
- 評估一項投資工具的過往績效，要把觀察的時間拉到最長，而不是只看過去十二個月。

- 了解不同類型投資工具的過往績效，也要知道投資為何必須看長期。
- 不要太在意一家公司短期的消息，以及短期的經濟表現。

## 談談自我疼惜

我身為理財教練，經常跟別人討論他們的未來，以及要想成功該做出的決策，但能做長期的職業生涯、理財，以及生活方面的規畫，其實是一種莫大的福氣。能這樣做，代表你很有信心能滿足自己的短期需求。舉個比方，你要是不知道自己下個月還有沒有地方住，就不可能把錢拿去投資十年。如果你正是如此，請千萬不要苛責自己，即使還不能打算長期的理財目標，也不必灰心。現在的你應該專心思考該怎麼做，才能讓收入略大於支出。

## 調整目標

最後，我們要討論該如何避免因為覺得自己擁有的永遠都不夠，而無法達成目標。我們達成小目標，就很有可能給自己設定更多目標，久而久之目標就越來越多。我在剛踏上理財之路的時候，存下第一筆一千澳元是欣喜若狂。後來我對投資理財了解更多，開始設定目標，心中的期待也漸漸改變。目標越訂越高是人之常情，尤其是剛開始理財的時候，但要是沒有限度（或是不斷調整），那情況就會變得複雜。

如果你沒錢的時候覺得不夠，那你有了錢也還是覺得不夠。你要想辦法讓自己能夠滿足，否則永遠不會快樂。無論你擁有一萬元、十萬元，還是一百萬元，若無法善用手上的資源，好好經營生活，那再多的錢也不夠。你的目標只會一再拉高。最能避免失控的辦法，是徹底了解你的目標，還有你的目標為何重要。你照著這本書目前為止的建議去做，應該就能設定一個不僅可行、你也覺得有意義的目標，也應該能說出一個自己感到滿意的最終結果。

我的目標是實現財富自由。第十章會詳細介紹財富自由的概念，現在你只需要知道，這個目標確實很容易一再改變，尤其是因為每個人對財富自由的定義大不相同。我思考下列的問題，就能克制一再拉高目標的衝動：

- 我是否認真思考過，究竟需要多少錢才能覺得快樂、安穩？我能不能說出算出這個數字的經過？如果沒有將目標定義清楚，只是隨便訂出一個數字當目標，就永遠不會覺得足夠。

- 我該如何讓一路上的小目標顯得更有意義，慰勞辛苦的自己？這一點很重要，要適時慰勞自己，才有動力繼續努力，而不是把所有壓力放在最終結果。
- 我是否已經訂出最終目標，這個目標對我來說為何足夠？達成目標之後，我打算怎麼做？有些人之所以一再調整目標，是因為覺得一旦達成目標，就再也沒有目標可追求。他們不想過著沒有目標的生活，所以當然寧願調整目標。
- 我可曾思考過「萬一」的問題？有些人一再調整目標的另一個原因，是擔心達成目標以後會出現的各種問題，覺得與其停下來檢視這些問題，還不如讓問題不斷累積比較輕鬆。
- 我可曾想過理財專家拉米特．塞西所謂的「富有的生活」是什麼？這種生活就是：「你想想你的人際關係、財務，還有平常的生活，覺得『哇哦！』」擁有這樣的生活，就會發現我已實現了一部分的目標，或是該調整的是理財以外的地方。

如同財富自由，有時候我們的目標，並不如「存五千澳元度假基金」那樣明確。如果你想達成較大的人生目標，就必須思考你自己的最終目標。誰也無法告訴你擁有多少才算足夠。你必須依據你的價值觀，訂出你會感到滿意的最終目標，也就是你認為足夠的程度。

**幫你抓重點**

金錢是很微妙的，也會引發各種很有意思的行為，所以要好好研究！要思考自己的決策，想想大腦傳達給你的訊息是什麼，又為何要傳遞這種訊息。了解這些行為陷阱，對日後的投資有益，因為你越了解自己以及自己的行為，就越能避免被大腦引入歧途。

- 你剛開始存錢、投資的時候，會被自己的大腦誤導。知識就是力量，所以要更了解自己，以及常見的行為偏誤。
- 我們勇敢面對對於投資的恐懼，就能有勇氣，有信心繼續前行。
- 把「完美」二個字丟掉，懂得的東西只要足以踏出小小的第一步，便已足夠。
- 觀察投資工具的過往績效，要盡量拉長觀察的時間，而不是只看過去十二個月的績效。
- 要明確訂出理財目標，否則你的目標可能會越拉越高，你永遠不會滿足於自己的成績與財富。

# 第五章
# 談錢說錢
## 跟親近的人好好談談理財

我們有二個耳朵，一張嘴巴，所以能聽的，是能說的二倍。

——哲學家愛比克泰德

興匆匆的我滔滔不絕聊著存退休金，朋友的眼神卻越來越呆滯。那年十八歲的我，還不知道我們在社會的訓練之下，一聽到別人談錢就腦袋放空，完全避談這個話題。那時的我也還不知道，理財這個話題可以搞到多激動，每個人的經驗又有多不同。原來我的這位朋友，真正感興趣的還是要怎麼付下一期手機費帳單，對於不同退休投資策略的好處，則是不怎麼感興趣。會這樣想也很正常。我談退休理財的方法不對，選擇的時機也不對。談理財往往聽起來很像在推銷、在大肆批評、在傾倒情緒垃圾。怎麼可能會有人想聽。

現在的我還是超愛談理財，只是稍微有技巧一些（不過有時候還是太衝動）。現在的我比較清楚，談理財一定要考慮到對方的程度，而且直接講答案（這種作法本身就是灰色地帶），別人往後還是沒有能力打理自己的財富。我們在這一章，會提到談理財話題的幾項策略。但首先，要好好談談我們為何**很少**談錢，這一點為何很重要，還要討論有哪些有用的方法，能暢談理財這個大家避談的話題，又該如何在一段感情中，談起金錢的敏感話題。這些事情感覺很棘手，尤其你要是從來沒談過理財，但只要去做，絕對好處多多。

## 我們為什麼不談錢？

從小就有人教導我們不要談錢，但我覺得不談錢的壞處多於好處。每個人都會有想到錢的時候，每次付帳單、去上班，或是決定要不要度假，都會想到錢。我們也會為錢苦惱。美國心理學會二〇二二年的「美國人的壓力」研究發現，對於大多數受訪的美國成人來說，金錢、通貨膨脹，以及經濟是不小的壓力來源。情緒上的壓力可想而知，但這項研究也發現，壓力會引發許多健康問題，例如頭痛、疲勞，感覺不堪負荷，還有其他生理疾病。我們就算沒談錢，錢對我們的影響，也遠超乎我們想像。如果我們追求的是快樂，壓力太大就會快樂不起來。

願意談理財，並不代表就能消滅金錢相關的壓力，但仍然可以一掃害怕與羞恥的習氣。我們就會知道自己不是孤軍作戰，說不定還能從別人的經驗，找到解決問題的方法。很多人的問題都很類似：月光族、先買後付，或是信用卡債務不斷累積，但我們常覺得無助，沒人可以商量。從另一個角度看，我們要是生活無虞，財務壓力不如認識的人沉重，很有可能以為自己的問題不大，沒什麼好聊的。但這並不代表我們承受的財務壓力不值一提。

很多人現在遇到金錢以外的其他問題，也願意找人談談，向人討教，但遇到財務問題，例如負債，還是覺得羞於啟齒。這是研究證實的現象，研究顯示，財務困窘的人常感到羞恥，問題是羞恥只會讓財務問題更嚴重。我們會覺得自己應該想辦法挺過去，但此時其實需要群體相助。談錢只是現在尷尬，不談錢往後會更尷尬。研究一下大家都在哪裡討論理財，你要是有財務問題需要解決，就更該找人談談。

我在第三章說過，你跟親朋好友還有同事聊得越多，知道的可能性就越多，說不定你在往後的人生，也會有意想不到的收穫。例如你說想換一家收費比較便宜的退休金投資公司，朋友聽了就會發現，原來還可以更換，不是一定要死守公司自動開設的帳戶。有時候光是聊天的時候聽見，就能找到值得仿效的靈感。

## 優質的理財討論

如果你一直想談理財相關話題，卻又不知道該怎麼起頭，那一定要看下去。我建議先聊得淺一些。不要一開始就聊得太深，透露你的投資帳戶裡有多少錢，薪水又有多少。要是一開始就聊得太深，那談話雙方大概至少有一人會不太自在，等到講完，應該會有二人不自在。但我真的希望你們能聊得開心，又有收穫。一開始最好聊些比較淺顯、比較簡單的話題。大家都喜歡聊存錢的目標，例如要買新手機，或是去迪士尼樂園玩，也喜歡聊自己最厲害的省錢招數。聊理財並不容易，從簡單的話題著手比較有趣，沒那麼可怕。你聊天的對象就會知道，你很樂意聊理財，而不是被嚇跑。他們要是說喜歡投資，也不避談理財目標，那當然是個好現象，你就不必聊些有的沒的，可以直接進入重要的理財話題。

## 暴露弱點

很多會暴露自己弱點的話題，我們迫切想找人聊，但討論的雙方之間，必須有深厚的信任。我們遇到理財的事情，很容易覺得被論斷，很無助，尤其是財務困難、感覺自己搞砸的時候。展現出樂意討論理財話題的態度，無論是你常吃的經濟實惠的餐點，或是還清債務的經過，久而久之你與你的群體之間會更加互相信任。要是你的親朋好友的圈子裡沒人談錢，你也可以主動談起這個話題，說：「嘿，可以跟我聊這些，沒關係的。」

等等，聊會暴露弱點的話題要小心！萬一有人把自己的財務狀況一五一十告訴你，要知道，你可能是他們第一個透露的對象。你的回應很重要，也會深深影響你們日後的關係。遇到這種情形，我建議這樣做：

- 一定要專心聽對方說的話。
- 要知道，他們的情況僅限於他們自己，他們的理財經歷（我們在第三章談過這個）跟你並不相同。
- 除非對方請你提供意見，否則不要拿他們的情況，跟你自己的（或是你曾祖姨婆的）比較。

- 開放式問題比較能延續對話。只要說「是」、「不是」就能回答的封閉式問題，則是沒那麼好聊。
- 盡量弄清楚，對方現在究竟需要你做什麼。例如你的朋友說自己欠下一大筆信用卡債，不知道該怎麼辦，他可能並不想聽你教他解決問題。你可以先問他，現在是希望你幫忙，還是只想要有人聽他訴說煩惱。
- 就算你暗自想的是「我早就警告過他了。」也還是要關懷對方。哪怕你露出一絲一毫批評的意思，都有可能聊不下去。
- 對方要是請你推薦理財工具，可以分享你最喜歡的理財聖經（例如播客或書籍）。也可以再約時間，聊聊對方的使用心得。
- 要記得，有時候需要專業人士幫忙，才能解決問題。可以思考該不該建議對方去找理財顧問、心理學家、律師等專業人士幫忙，問對方與專業人士見面時，需不需要有人陪同。

千萬不要因為這些話，就不願傾聽別人傾訴。對你來說可能只是三十分鐘，但對於向你傾訴的人來說，卻是至關重要。你一定能搞定！

## 保持開闊的胸懷

要知道，別人不見得跟你一樣喜歡學習理財、重視理財、討論理財，這也沒關係！一定要記住，不是每個人都喜歡談理財，而且每個人的財務狀況不一樣。每個人的理財起點都不同，你不會知道別人是需要辛苦還債，還是已經累積一筆財富（除非人家告訴你）。聊理財的時候要注意這些重點：

- 別人想以不同的方式學習理財。
- 每個人的財務狀況不同。
- 每個人談理財的方式不同。
- 每個人用錢的方式不同。

你懂我要表達的重點了。你看了也許覺得什麼跟什麼，這也沒關係。每個人都不一樣，價值觀與優先次序也不一樣。與其批評，或是自以為是指點別人，不如拿出同理心、好奇心，交流才會真正有益。

## 開啟話題

也許你不知道該怎麼開口聊理財，因為一開始可能有點尷尬。你可以用下列的提示，開啟理財話題。我把這些提示分為初級、中級，以及高級。你看了就知道，有些提示的用意，是挖掘得深入一些，所以比較適合用在較為親近、你曾經跟他們談過理財的親朋好友。要記得，談理財要看場合與時機，所以要好好拿捏！聊的內容要符合親朋好友現階段的理財需求，所以要選擇合適的開頭。例如我的朋友要是這個月的房租繳不出來，也許我該給她的是實際的協助，而不是直接跳到高級的提示。以下是開啟理財話題的幾種方法。

初級提示：

- 你一個禮拜最喜歡的是禮拜幾？如果那天可以做自己最喜歡做的事，你會做什麼？
- 今年你買哪樣東西，會讓你最快樂？
- 你中了一百萬澳元，會用這筆錢做什麼？
- 跟我說說你最近用過的一種省錢方法。
- 你若是不需要工作，那會做什麼？

中級提示：

- 現在給你二萬澳元，你會怎樣花用、儲蓄或是投資？
- 你要是創業，會是什麼樣的企業？
- 你如何決定是否進行高額消費？
- 你聽過最好的理財建議是什麼？
- 你的父母如何談錢談理財？

高級提示：

- 錢對你的意義是什麼？
- 你覺得怎樣才算足夠（金錢、職業生涯，以及成就）？
- 你對金錢最大的恐懼是什麼？
- 你怎麼教／會怎麼教兒女理財？
- 你對於財富的世代傳承與繼承的看法是什麼？

✍這些問題隨便拿一個，自己回答。在這個禮拜找一天，用這些問題當作開頭，與你周遭的人聊天。

## 不如預期怎麼辦

萬一聊著聊著起了變化，或是根本就聊不起來怎麼辦？你開頭談理財，就算不順利也別灰心。也許是你選的時機不對，也許是你用的方法不適合對方。例如對方目前的重心如果是還債，那就不適合一開始就聊投資。但這次不順利，並不代表以後都不能聊理財。而是應該從這次經驗學到教訓，下次換個方法。記得要符合親朋好友現階段的需求。雖說錢是個敏感的話題，但完全避談卻是大錯特錯。

# 理財致富的神隊友

不少節目聽眾問我，該怎麼跟另一半談理財。他們提出的問題都很重要。怎麼分攤開銷？財務應該合併嗎？如果夫妻倆其中一人為了照顧孩子，要暫時告別職場，那該如何處理財務最公平？該怎麼說服另一半一起追逐理財目標？說來遺憾，這些問題往往沒有明確的答案，因為我們先前說過，每個人的金錢觀不同，財務狀況也不同。二個人共同生活，問題就更不好處理。

## 同心協力理財

財務問題是夫妻衝突的五大原因之一（另外幾項是性愛、姻親、酗酒吸毒，以及親職），所以最好積極思考，好好商量。一項研究證實，夫妻的財務糾紛，是離婚的最大徵兆。這項研究也顯示，財務糾紛很難解決，因為我們的金錢觀，深深受到自己的過往經歷、價值觀，以及目標影響（我們在第三章討論過）。

所以夫妻作為隊友，要如何討論這個不容易討論的話題？我們必須徹底了解另一半對於理財的立場，最重視的又是什麼，才能順利溝通。這個建議很像廢話，但溝通與妥協是不可或缺的。夫妻有共同的目標，例如一起購買房地產、海外旅遊，或是組織家庭，就會有動力訂出預算，以適合夫妻倆的方式，努力達成目標。以下是幾種討論理財的方法。要記住，最好找出最適合夫妻相處情況的一種，可能要花些時間摸索：

一、**抽出時間**。澳洲知名理財專家史考特．帕普在著作 *The Barefoot Investor*，建議大家安排一個晚上的理財約會，把重點放在彼此身上，還有往後的理財之路。找一個彼此都能開誠布公討論財務的時間。預先規畫，你就能事先準備，想想你要說的內容。

**二、先從整體的願景說起**。不要一開始就直接談數字，應該先想像一下，攜手共有的未來應該是什麼模樣。談談你們人生中的優先次序，還有想如何使用金錢，對於往後該如何一起使用金錢與時間，就更容易達成共識（如果你還沒完成，就先回到第三章，先完成理想的一天與願景表練習）。到了這個階段，你們漸漸達成共識，也會發現彼此的目標是否有所衝突，你的另一半也會更了解，你重視的是什麼（反之亦然）。要記住：這個部分應該很好玩，很有趣才對！

**三、訂出共同的計畫**。現在該把你們所有共同的夢想，用第二章介紹的制訂目標的框架，一一化為現實。現在該做的，包括思考你們二人最重視的是什麼，據此訂出短期、中期、長期目標。你在這個階段可能會發現，不太可能實現每個目標。有些可能要調整，有些可能得延後。此時的你們可能也要開始妥協，尤其是你們的目標若是分歧，必須有所妥協，才能找到共同前進的路（後面會再詳述）。要記得以前在學校學到的：目標要具體、可衡量、可達成、重要，而且要有時間限制。

**四、開始行動**。接下來，要一起把目標拆解成容易達成的步驟，把夢想變成現實。要明確訂出各自該做什麼，何時要做。你們雖然是一起努力達成目標的隊友，但並不需要做一樣的事情。一個人可以充當賺錢的主力，另一人則是以研究、規畫為主。

**五、繼續討論不要停**。訂出了目標，也還是要繼續討論理財。在一起前行的路上，一定要時時討論，互相扶持。不妨每個月都訂出時間喝杯咖啡，聊聊目前的進度。還可以將討論的範圍擴大，檢視預算與支出，討論這個月的理財重點，確認彼此該承擔的責任。剛開始聊錢可能會有些尷尬，但聊的次數越多，就會越輕鬆。

我們在後面幾章會談到，每個人能承受的投資風險不同，看待投資的態度也不同，很多問題便是由此而生。要化解分歧，需要經過一番討論，但通常雙方會適度妥協，達成彼此能接受的共識。例如一對夫妻決定要一起投資，但搞清楚基本條件以後，才知道一個人的風險忍受度，遠低於另一人。雖然夫妻倆一致認為，應該要拿出一大半共有資金，放在長期分散投資的投資組合。但若真的這樣做，其中一人也許會非常焦慮，受不了夫妻倆的錢每天上下波動，問題是投資本來就有所起伏。

所以這對夫妻該怎麼妥協，才會更能接受共同的理財目標？首先，他們可以再多多討論理財，以及投資的原理。因為越了解自己的投資標的，心裡就越能承受上下波動。還有一個辦法，是夫妻倆一起請教理財顧問，將理財目標告訴立場公正、專業能力也足以推薦適合夫妻倆的投資策略的第三方。這對夫妻也可以考慮儲存更多應急現金，例如足夠應付十二個月的生活開銷的金額。要記住，即使以數字研判，可以採取某種投資策略，並不代表這個策略一定適合你們夫妻。

有本值得參考的好書，是約翰與茱莉．高特曼夫婦的著作《讓愛情長久的八場約會》。這對夫妻研究關係與溝通，已超過三十年。書中有一章談的是金錢與愛，他們列出許多工具與提示，能讓你了解另一半的理財經驗與價值觀。

抽出時間（也許一個週末）了解你們各自重視什麼，作為夫妻一起重視的又是什麼，還有要如何一起訂出理財目標。最好再做一次第三章的練習，擬出你們心目中理想的一天，在願景表寫下目標，尤其要找出夫妻可以共同追求的領域。你們的哪些目標是一致的？你們各自心目中的理想的一天與目標，又有哪些地方是不一樣的？找出一致的目標，作為你們的共同願景中，優先處理的事項。然後再處理不同的目標，互相溝通，找出彼此都能接受的方式。

## 目標不一致時該如何協商

有時候夫妻倆的理財目標根本南轅北轍。例如你想投資，十年後才能財富自由，但你的另一半目前只想活在當下，賺多少花多少。夫妻倆的目標差異如此之大，要是起了衝突，不僅財務會受影響，信心與動力也會受到打擊，更何況還會覺得伴侶與自己不是一條心。然而研究證實，夫妻的目標若是不一致，只要能順利化解，仍然能有好的結果。

所以，你的理財目標若是與另一半不一致，該怎麼辦？可以試試下列方法：

- **主動說明你為何重視某些目標**。你的另一半可能不了解你的目標，也不懂你為何這麼在意這個目標。例如如果你的另一半是投資新手，先前完全沒有經驗，也許就很難理解，你們怎麼可能會財富自由，你們又為何要追求財富自由。一定要把你的理由說給另一半聽，以及又是哪些情感、價值觀，以及過往理財經驗，驅使著你追求財富自由。
- **詢問另一半的理財目標**。理解另一半的觀點是很重要的。另一半喜歡把金錢與時間用在哪裡？他們有了錢會想做什麼？他們最重視的價值觀（例如自由、獨立、安全感）是什麼？要記得，這與你們二人都有關。

• **找出共同點，訂出共同目標。**想想該如何攜手合作，找出你們二人都感興趣的共同目標。回到剛才的例子，追求財富自由的同時，夫妻倆還能不能經常一起出遊？你能否為了顧及另一半的理財觀，為了你們共同的理財目標，而延長圓夢的時間？要回答這些問題，可以想想你們就算無法同時達成所有目標，還是能用什麼辦法，讓彼此都能滿意。

討論的過程中，一定要專心聽彼此說，因為你的另一半，不可能像你那麼熟悉你自己的經歷，也不可能那麼了解，你為何那麼在意你的目標。你們可能需要暫停討論，過一陣子再商量，或是說好先各自努力一段時間。

## 分攤開銷的注意事項

我與朋友經常聊到的話題，尤其是剛有了伴侶的朋友，是如何商量分攤開銷。雖說每個人適合的方式不一樣（你大概能接受幾種不同的方式），但有三種解決方法：

- **平分一切開銷**。無論什麼開銷，你們二人都平分。例如你們外出用餐輪流買單，財務大概也是各自打理。大多數的夫妻一開始都是這樣處理，對於某些夫妻來說，這是最能長久維持的作法。
- **按照收入分擔開銷**。這種作法是顧及雙方的收入差異。例如假設我的年收入是十萬澳元，而我的另一半是五萬澳元，那就由我負擔三分之二的開銷，而不是二人均分。夫妻二人如此就更有可能達成理財目標。
- **合併二人的財務**。這種作法已經是行之有年的常態，但如今已不再是理所當然。有些夫妻將財務的某些部分合併處理，其餘的部分，例如各人可自由花用的零用金帳戶，則是分開處理，這樣也很適合他們。重點是找出適合你們，也有助於你們達成共同目標的方法。你們雙方一定要坦白告訴對方，自己的支出、儲蓄，以及投資帳戶。

最適合你們的共同理財方式，會隨著人生不同階段而改變，所以最好每年討論一次。我雖然很重視獨立，卻也很清楚，一段關係要想長長久久，並不見得永遠都要平分開銷。例如一對夫妻的共同目標，也許包括其中一人暫時離職，去進修或創業，或是其中一人因為要照顧孩子，或是生病，所以有一段時間收入不高。在這種情形，最好能研究全家的總收入，是否夠二個人維持生活，而不是每一樣開銷都要平分。說到底，就是要依照你們共同的價值觀與目標，也要時時溝通，找出最適合你們的道路。

## 要持續參與

有一點還是要說清楚，有些人非常樂意將財務完全交給另一半打理。這樣做的問題在於，掌管財政的另一半要是失聯、生病，或過世，那自己還是得接手。自己萬一不太清楚家中的財務，那麻煩可就大了。所以夫妻二人就算有一人完全不想花腦筋理財、投資，也不能不知道錢在哪裡（還有該怎麼拿），也要知道夫妻倆努力的目標是什麼，目前的進度又是如何。

## 如何向群體求助

在理財的路上，我們並不是孤軍奮戰。朋友、家人、同事都能幫上忙，所以應該給他們一個能發揮的角色。如果你希望理財的路上，能有身邊的人相助，不妨試試下列作法：

- **公開發布**。不是叫你把銀行對帳單拿給大家看，而是告訴大家，你正在學習理財。
- **請他們參與**。很多人很樂意幫忙，尤其是知道你一心想達成目標。如果你想存錢，希望降低與朋友聚會的開銷，那不妨直接對朋友說。
- **尋求協助**。例如你要是認識一位平價料理或是投資的專家，那就請他指點一二。大多數的人都會認為，有人請教是一種榮幸，說不定你會學到一生受用的東西！

如果你目前身邊沒人可以聊這些，或者你還不想找人聊，那也可以試試下列辦法：

- **加入線上社群**。僅僅是看看別人問的問題，也許就能有新的想法、新的問題。
- **找專家談談**。可以找理財顧問、會計師、律師（稍後會詳談找專家談的注意事項）。

- **透過書籍、播客，以及線上媒體，與其他人交流。**我在這本書最後的「參考資料」，列出許多好用的媒體。

向群體求助（無論是個人，還是其他管道），會是你理財路上的一大助力。首先，你會時時想起，自己並不是孤軍作戰，也許還能認識其他面臨同樣問題的人。有群體相助，你的動力就不會熄滅。改善財務狀況需要時間，有時也需要別人督促！我播客的許多長期聽眾對我說，現在仍是每週收聽，提醒自己正在走在正確的道路上，掌握個人理財界的最新變化，也時時敦促自己繼續努力，累積足夠的財富，無論是現在還是二十年後，都能買到快樂。

你開始談理財之後，也許會聽到一些意料之外的想法與感受，也很容易染上比較的毛病。例如你在討論過程中，發現你認識的人的收入是你的三倍、繼承了一筆遺產，或是欠下信用卡債，你也難免會拿自己與他們比較。但這樣做會坑了自己。別讓比較奪走你的快樂。你的理財旅程只屬於你自己。交流的作用應該是學習，是更了解親朋好友的想法。

另外也要小心，不要滿腦子都是理財，不要一找到機會就要聊投資，聊什麼東西多少錢。這樣只會搞得每個人都很累，所以千萬要維持理想的平衡。別人要是覺得你對理財越來越走火入魔，也許你就應該少談點理財，不要老是想著數字，要多著重在試算表之外的人生。你若是沉迷理財無法自拔，就應該暫時將理財群組、理財帳號消音，換個地方吸收內容，或是找顧問之類的專業人士談談。

## 與親朋好友借貸的注意事項

你可能曾經借錢給親朋好友。我十七歲那年離家，加入空軍的時候，家人借給我的錢幫了我不小的忙。想幫助親朋好友是很正常的。根據最近的一項調查，百分之六十的美國成年人，曾經借錢給親朋好友，也希望對方能還錢。然而遺憾的是，超過三分之一曾經借錢給別人的成年人，最後都蒙受損失，借出的錢討不回來，關係因此破裂。

我們把錢借出去，或是償還給別人，反映出我們的人品。借錢給別人，就要有拿不回來的心理準備。到了某個階段，你可能要在金錢與關係之間二選一。你下次借錢給親朋好友，也要牢記這一點，因為錢的事情牽涉的層面往往比較廣，與金錢相關的決策，影響往往比你想像的深遠。

## 找專家幫忙

永遠別忘記，誰都不會比你自己，更在意你現在以及未來的財務。說到底，你的財務是你自己的責任。別誤會我的意思，我完全贊成找夠格的專業人士指點你理財，例如理財顧問、會計師、律師之類的專家，都能助你一臂之力。但你自己也要參與整個過程。專家專精的領域，你不見得都懂（所以才需要找他們幫忙），但你一定要懂得夠多，才能判斷專家說的合不合理，是否夠格指點你。

向專業人士尋求理財協助之前，可以先問對方下列問題：

- **你在你的專業領域，有哪些經驗與證照？**答案會隨著專業的類型而有所不同，但（若有相關證書、證照可供參考）還是要確定對方有正式資格，也夠格指點你。
- **你可曾指點過情況與我類似的客戶？**很多專業人士專門協助某種客戶，或解決某種問題，所以要問清楚，確定對方能理解你的問題，也能幫得上忙。

- **你比較喜歡面對面，還是用電子郵件回答問題？**我覺得你可以問對方一個問題，看他用哪種方式回答。你需要的是不會用倨傲的態度對你說話、願意仔細聽你說，也能以你能理解的方式，向你說明的人。
- **我能不能跟你以前的客戶談談？能不能看看經過驗證的推薦函？**你就更能了解對方究竟適不適合你。
- **能不能將所有的費用，整理成一份明確的清單？**稱職的專業人士，應該有能力說明自己的收費標準，也能在一開始給你一個大致的估價，好讓你決定是否與他合作。
- **你是否隸屬其他企業，或是向其他企業收取佣金？**這些行為本身並不違法（金融業的某些部分，就是這樣運作的），但你必須了解是否有利益衝突，若有又怎麼處理。你也要確認，對方確實會為你著想，針對你的情況，給最好的建議，不會受到其他利益影響。

你與這個人，或是這家公司應該要相處愉快，但不要完全交由對方作主。該關心的要關心，該問的也要問。畢竟處理的是你的錢。

## 幫你抓重點

討論理財是很重要的，會深深影響你的快樂程度。你要是不能將理財旅程上的起起落落，告訴你最親近的人，尤其是你需要他們的關懷與鼓勵的時候，那可是很難受的。我不敢說一開始一定會很順利，但你每次談理財，都會更了解自己，以及其他人的狀況。

- 與親朋好友聊理財，要顧及他們現在的狀況，而不是你希望他們能達到的境界。
- 要小心，不要急著幫人解決問題。有時候別人只是想吐苦水，有些問題只能讓他們自己想辦法解決。你該做的是傾聽，詢問對方需要怎樣的協助。
- 你跟別人聊理財，就算不順利也別灰心，也許是時機不對，也許是你用的方法不適合對方。
- 財務糾紛是關係破裂的主要原因，所以要主動找另一半談理財，找出共同的理財目標。

- 你與親朋好友組成理財群體，再加入其他資源，你就能擁有來自群體的鼓勵，也會有人督促，有動力前行。這些都是理財路上不可或缺的利器。
- 在理財路上，與理財顧問、會計師等專家合作，但別將你的財務完全交給他們作主。記得該問的要問，一定要弄清楚理財規畫。

# 第六章
# 善用時間
## 享受現在，投資未來

你可以擁有一切，只是不能一下子全都擁有。

——歐普拉・溫芙蕾

我們在一生中，耗了不少時間純粹等待時間流逝，用意志力撐到下班，看著微波爐倒數到零，希望現在與規畫好的假期之間的幾個月，能瞬間消失。我們總是盼望著會比現在好的下一刻。但這樣做等於是慢慢隨意虛擲我們最珍貴的商品：時間。

研究證實，我們越能控制時間，也就是越能控制人生，就越會感到快樂。每個人的一天都是二十四小時，利用時間的方式，卻會隨著各自的情況、該做的事，以及價值觀而不同。這一章要告訴你，該如何善用時間，讓自己不僅現在快樂，往後也快樂。我也要告訴你，時間、金錢以及快樂之間的關係，而你在為重要理財目標而努力的同時，又該如何平衡這三者，讓自己快樂。我也會探討如何更用心運用時間，重新思考一般的工作方法，同時也要減少干擾。

## 時間與你的個人理財之路

我們討論錢跟討論時間差不多。要決定如何**花用**時間，找出**節省**時間的方法，也會將時間用於**投資**，比方說經營人際關係。現在要是有人給你八千七百六十澳元的現金，你應該會花點時間，思考如何運用這筆錢，對吧？但你每年有八千七百六十小時，你會花時間思考如何運用嗎？另外也要想想，你用掉金錢，未來還是可以賺更多，但是用掉的時間卻再也回不來。

你的時間是一種資產，可以轉化為金錢、成就、更美好的關係，以及更多選擇，全看你怎麼運用。你把全部的時間用來換取金錢，那下場很有可能是累垮，還會很悽慘。從另一方面看，你要是把所有的時間，都拿來盡情享樂，那十年後的你回顧過往，可能會覺得當初應該多花點時間，經營你的職業生涯、健康，以及財富。再加上你也可以運用現在的時間創造財富，未來的生活就能有更多選擇（我們在第十章會詳談這個），感覺就更複雜了。幸好，你並不是選定了一個選項或策略，從此再也無法更改。你可以享受人生、達成目標，**同時**兼顧投資未來，重點是要釐清優先次序，做到平衡。

## 平衡現在與未來的時間

你可以將時間用來做任何事，但不可能什麼事都做，所以一定要懂得選擇。這就是德瑞克．西佛斯在著作 *Hell Yeah or No: What's Worth Doing* 談到的困境。他認為，想享受人生，就要「專注當下」。但是「太專注在當下，就得不到成就所能帶來的更深層的快樂。」

現在讓我們歡迎延宕滿足，也就是不要眼前的酬賞（例如以時間、金錢換取馬上能讓自己快樂的東西），希望長期的酬賞（例如買下第一間房子）會更好。延宕滿足雖說很難，但想達成重要的目標，就一定要習慣延宕滿足，一輩子都會有顯著的效果（第八章會詳談這些效果）。過度專注當下並不是好事，而過度講求延宕滿足，也會害我們不快樂。

我們就以存錢買第一間房子為例。如果是從零開始，那恐怕要好幾年才能達成目標，而且還要緊盯每個月能存下多少錢。達成目標應該會有滿滿的成就感，會更快樂。問題是一心一意追求目標，只在意賺錢、存錢，只想多工作賺錢，不想與多年老友相聚，久而久之會覺得人生很貧乏。

追求長期目標是很快樂，但有時候會讓我們現在快樂不起來。在正向心理學的領域，馬丁・賽里格曼博士提出的PERMA（Positive emotion, Engagement, Relationships, Meaning, Accomplishment）模型，主張正向情緒、參與、人際關係、意義，以及成就，是快樂人生的基礎。為了追求其中一項，例如成就，而犧牲其他幾項，人生就不算成功。

那該怎麼辦？如何才能努力達成重要目標，同時也專注當下，享受人生？說到底，關鍵在於平衡與優先次序。達到平衡的方式很多，比方說找出低成本的方式，經營有意義的人際關係，也可以將目標延後一、二年再實現，眼前的時間先用來累積重要的經驗，同時也定期確認你的目標（還有行動）真能讓你快樂，而不是讓你痛苦。

你可以把人生畫分成不同的季節。意思是說在某個季節，你可以專注在某個目標上，把大半的時間用於追求這個目標。到了下一個季節，生活要較為平衡，不要再聚焦在這個目標上。值得注意的是，人生的某些階段，確實比較適合做某些事情。例如二十幾歲的你，有時間也有精力到美國的太平洋屋脊步道健行，但到了五十幾歲就未必。反過來說，也許你會等到六十幾歲有了財力之後，才會踏上南極洲郵輪之旅。

想一想你在此生結束之前想做的事，再想想人生的哪些階段該完成哪些。（第三章的願景表練習就是個不錯的架構。）這並不是要你為了節省開銷，犧牲你想累積的經驗，而是要聰明分配時間與資源。也許你正需要以這種方式，思考你的現實情況。「唉呀，我想成家，也想到國外生活，可是我一旦成家，就沒機會到國外生活了。接下來的幾年，我應該把重心放在移居海外上。」人生充滿了不確定性，而且永遠有可能比我們預期得長或短很多。在人生不同的階段，著重不同的人生經驗，就能善用有限資源，依序實現無法同時一起實現的目標。

## 小心「我以後……就會快樂」的陷阱

暢銷作家奧利佛．柏克曼的著作《人生4千個禮拜》暢談有限的生命。他認為人生是「一連串的當下這一刻」，而且你「大概永遠不會有覺得一切完美的那一天。」這些話是一種號召，是提醒我們，一再延後人生的樂趣，等於浪費當下的人生。

我也有這個毛病。我很喜歡訂出目標，但就在不知不覺中，演變成一直都在追逐目標。舉個例子，我覺得我不能只是隨便跑跑。我有朝一日要完成半程馬拉松。我落入了「我以後……就會快樂」的陷阱，為了一個自己硬性規定的目標，弄得日常跑步的樂趣都沒了。

聽起來是不是很熟悉？你只要減少自己訂出的目標，明確訂出每週用於追求目標的時間、達成目標的時間表，以及完成的標準，就能脫離這種心態。重點是將一個遠大的目標，拆分成能完成的步驟，努力的過程就會是一種樂趣，而不是非得要跨過終點線，才能有快樂與成就感。

現在的你擁有的，只有當下這一刻。所以要找到小小的方法，讓自己脫離未來，進入當下。方法包括寫下來，或是告訴別人你很感恩能有今天，總之就是給自己一些悠閒的時間，或是慶祝目前的進展。我花了一些時間才做到，但現在的我已經慢慢開始享受跑步本身的樂趣，不是只因為跑得越來越快，或是想達成新目標，才感到快樂。我改變了我對快樂、成功的看法，不是只著眼結果，也要重視過程。畢竟過程占去我百分之九十九的時間。

## 萬一很難訂定目標、堅持到底怎麼辦

很多人的問題跟這個相反，但也許不只是不想延宕滿足這麼簡單。哈爾・赫許菲德在著作《改變現在的你，迎向未來的你》表示，「如果希望今天能做出更好的決定，創造更快樂的明天，就必須想辦法，拉近現在的我們與未來的我們之間的距離。」然而研究證實，有些人完全無法想像未來的自己，所以無法思考，也無法分配資源給未來的自己。

在探討如何拉近現在與未來的自己的距離的研究，研究對象看見自己年老之後的照片，表示自己更會為了未來而儲蓄、投資。如果你很少設定目標，也很難想像未來的自己，有個網站能依據你現在的照片，生成三十年後的你的模樣，不妨試試看。

赫許菲德認為，我們「太重視現在的自己的感受與情況」，「以為未來的自己也會是如此，但未來的自己不見得這樣想。」我們現在不想在週末用功念書、幫朋友搬家，或是為了累積退休金而投資，並不代表以後也會這麼想。我覺得你應該抽空想像未來的你，可以使用科技產品，也可以不用，再想一想，你想怎樣改變現在運用時間的方式，對未來的你才更有益。

## 有意識地運用時間

我們討論了平衡現在與未來的時間，以及不要落入「我以後……就會快樂」的陷阱，那現在該如何更有意識地運用時間，讓時間發揮最大的效益？我在第二章說過，可以調整你的支出，優先考慮最能讓你快樂的領域（我在下一章會更詳細說明）。現在我要告訴你，如何調整時間，優先經營最能讓你快樂的領域。

你會不會覺得自己常常喊忙？很多人都有這種毛病。我們的社會認為，忙碌是一種榮譽勳章，「奔忙」、一長串的待辦事項清單，以及排得滿滿的行程表，都是好事。我們接受這種想法，就很容易忽略人生許多小小的時刻：打開一本好書，看上幾小時，與朋友長談，或是在大自然中隨處走走。

✍回想一下，在過去七天，你有多少次用「很忙」回答別人的問題，或是當成藉口，不去做你喜歡做、能讓你快樂的事。你想不想改掉這個毛病？

## 檢視你的時間花到哪裡

了解自己現在如何使用時間，就能更有意識地運用，也更能控制往後的時間。研究證實，時間控制得當，自己就會更快樂。心態教練莎拉・史卡利—利芙也在播客上表示，一定要知道自己的時間與精力都用在哪裡。她建議分析十大領域：

一、健康
二、自我
三、家庭
四、朋友
五、親密關係
六、工作
七、財務

八、冒險
九、愛好
十、意義

大多數人對於自己如何運用時間，都有個大致的概念，但我們不見得會細分時間的用途，也不會以這本書前幾章那樣深思財務的態度，深思時間。我們這就改變，以這十大領域為架構，檢視自己的人生。

首先，將十大領域按照你重視的程度評分，滿分為十分，再寫下評分的理由。例如我在「愛好」領域可能只得一分，因為我過去一年來忙著工作，完全顧不上愛好。

接下來要寫下你在未來十二個月，在各領域希望得到的分數。給分的依據，是這十個項目在你人生現階段的重要程度，以及你想花多少時間經營。評估要務實。例如你大概需要分配時間給工作（但也許你應該減少工作時間，或是減少因工作而耗費的心力，稍後會再詳述）。雖說十個領域都給十分會很開心，但實際上不可能將每樣都放在第一位，因為你擁有的時間是有限的。

接下來，要寫下你想達成這十個分數的理由，還有你打算怎樣達成。例如我想花更多時間，在我最喜歡的愛好上，比方說衝浪。我也希望我的愛好分數能提升到滿分十分的六分，因為我知道分數變高，我就會更開心。

最後，逐一檢視十大領域，看看你現在的分數，與目標分數之間的差距，想想該如何縮小差距。你並不需要在一夕之間徹底改變，只需要思考現在可以開始做哪些小事，縮小分數的差距。

這個練習的目的，是了解現在的你把時間用在哪裡，而你又想用在哪裡。以務實的態度思考這些很重要，因為凡事都有該做的時候，但不可能同時做所有事情。建議你每年做一次這個練習，因為在人生的不同階段，我們的優先次序、價值觀，以及目標有可能會改變，這也是好事！你運用時間的方式，也要隨之改變。

## 用金錢換時間

如果你沒有時間，很難優先處理能帶給你快樂的事情，那你可能需要較大規模的改變。不妨試試用金錢換取更多時間。想一想：哪樣對你來說比較重要，是金錢還是時間？我在播客上聊得最痛快的一次，是與暢銷書《專注力協定》作者尼爾·

艾歐對談。他認為時間比金錢重要多了。為什麼？因為錢總是可以再賺，但時間不可能增加。重點並不是活著的每一刻都要有「生產力」，而是要比平常更懂得善用時間。

哈佛大學商學院的艾希莉　威蘭斯多年來研究時間與金錢之間的權衡。她探討「是該以金錢換取時間，還是以時間換取金錢？」的問題，發現重視時間更甚於金錢的人，通常比較快樂。她更進一步研究，花錢委託他人幫忙處理自己不想處理（也很耗時間）的事情，例如打掃家裡，或是報稅，會有什麼樣的影響。她發現，研究對象將這些事情外包給別人，生活確實比較快樂，我覺得你看了這個結果，應該不會感到意外。

我自己最近就用金錢，換取更多時間。搬家是很麻煩的（又亂又麻煩），要做的事很多。我為了搬家，已經花了不少錢，但我還是決定花錢請人打掃整個家，用蒸汽清潔地毯。我花錢請人打掃，是以本可以用於投資的金錢，換取時間。我知道我的時間已經相當吃緊，要把家裡打掃到專業清潔人員能達到的程度，所需的時間遠超過我想付出的。我選擇以金錢換取時間，不僅減輕壓力，也能有更多時間，還能讓搬家的過程更為愉快。

✍現在要請你想想，你有哪些必須做卻不想做，或是很耗時間，或二者皆有的事情。寫下完成這些事情所需的時間，以及完成之後的心情。再擬出幾種你能做到的小規模的解決方案，列出大約的花費。試試其中一種解決方案，看看你的生活在這個禮拜是否有所改善。以下是幾個例子：

- 花錢聘請清潔人員，為自己省下每週五至十小時的時間。省下的時間可以與家人相聚，心理負擔也會減輕，因為你知道家裡會很整潔，可以隨時邀請朋友過來坐坐。
- 訂購一箱蔬菜水果，由本地的食品雜貨店，直接送到你家，你就不必花一堆時間思考要買些什麼，可以有靈感設計新菜餚，也知道家裡有健康的零食可以吃。
- 聘請本地學生到你家修剪草坪，就可以省去購買、存放割草機的麻煩，也不必一再支付割草機的保養費，還能省下親自割草的時間。

不過花錢買時間也會有問題，我們也許不應該把每一件不喜歡做，或是很花時間的事情，都外包給別人做。奧利佛．柏克曼認為，生活更便利，確實會更輕鬆，但「輕鬆並不是在每一種情況都是王道」。我們一心追求效率，有時會忘了人生最有意義的部分，其實是來自不便。艾希莉 威蘭斯的研究也證實，外包過了某種限度，反而會害得我們不快樂。

舉個例子，雖然親手寫聖誕卡、生日卡，遠比傳簡訊費時，但卡片大概比簡訊更有意義。我可以花錢叫外賣餐點，也可以抽出時間走到我家附近的雜貨店，跟那裡的員工還有顧客聊聊。我有個朋友，明明可以輕鬆掏錢買手工麵包，但他寧願花大把時間（而且在我看來也很辛苦）自己做麵包，因為他覺得樂趣無窮。要記得，我們不應該追求一路平順的人生。總要有些顛簸，才能收穫種種驚喜，例如新經驗、新友誼，以及更了解自己。你自己可以選擇，人生的哪些部分該平順，哪些又該顛簸，而這需要實驗才會知道。

## 陪伴

研究證實，人際關係是快樂的一大關鍵，所以陪伴的重要性值得討論。我們也可以刻意將時間用於陪伴，不只是關懷親朋好友，也要強化人際關係，畢竟人際關係是我們一生最大的快樂來源。

在人生的某些重要時刻，我們必須陪伴別人。不只是婚禮、喪禮、生日宴這些重要時刻，也包括煎熬的時刻，例如好朋友的母親過世，好朋友確診重病，或是流產。至親好友順遂的時候需要我們，逆境的時候也需要，因為這些事情即使過了許多年，感受依然深刻。有了第一章談到的應急基金，就有了餘裕，能在這些重要時刻陪伴至親好友。能有這樣的餘裕，是一種莫大的榮幸，但有趣的是，花的錢絕對值得。由此可知，能控制自己的時間，知道該對哪些說好，該對哪些說不，是多麼重要。你要跟親朋好友說你要工作、念書，或是有別的事情要做，所以無法過來之前，要記得你在人際關係的所作所為的種種效應，會隨著時間而擴大。

你的時間既然如此寶貴，那就不要小看付出時間的巨大力量，無論是對至親付出，還是對你在乎的志業付出。這包括在你在意的組織擔任志工、做幾餐飯給近來不太順遂的朋友吃，或是幫忙兄弟姐妹搬家。更棒的是，研究也證實付出越多時間，就越覺得自己時間富裕（稍後會再詳談時間富裕感）。簡言之，你付出越多，得到的就越多。而且同樣的研究也發現，「付出時間的人，也會覺得自己更有能力、更有自信、更有用。」還有這麼多好處！

現在要請你試試看。在這個禮拜抽出三十分鐘，付出給別人。看看別人需不需要幫忙，請別人喝咖啡，或是打個電話。

## 關於遺憾

我在第三章提到，有些人因為遺憾，或是害怕遺憾，所以沒能付諸實際的理財行動。我現在重提，因為遺憾也與我們使用時間的方式有關。我們可以善加使用時間的方式之一，是想像要是再不改變使用時間的方式，往後會如何遺憾。遺憾是一種很有意思的感受，很少人能長時間忍受遺憾。也許你遺憾沒早點投資，遺憾沒能把握旅遊的機會，或是遺憾在離家之後，沒能多與父母相聚。

安寧療護護理師布朗妮．維爾在著作《和自己說好，生命裡只留下不後悔的選擇》列出她與多位臨終病患的對話中，屢次出現的五種感言：

一、我早該鼓起勇氣過自己想要的生活，而不是一直按照別人的意思生活。
二、我不該這麼拚命工作。
三、我早該勇於表達內心的感受。
四、我不該跟朋友們斷了聯絡。
五、可惜我沒能讓自己更快樂。

有沒有哪一項跟你一樣？想像一下，臨終的你會有什麼樣的感受？現在的你要如何改變，才能避免這些遺憾？

還有一點也要請你思考，尤其是如果你已經有遺憾。能不能不把遺憾當成一種負面的感受，當成一種應該極力避免的東西？遺憾可不可以是一種學習的工具，讓你更了解先前的選擇，更了解你改變了多少呢？能不能把遺憾當成一種證明，證明現在的你已經與過去不同？《後悔的力量》作者丹尼爾．品克寫道：「遺憾讓我像個人。遺憾讓我成為更好的人。遺憾給了我希望。」我覺得這句話的意思，是遺憾並不見得是一種痛苦。遺憾反而能讓我明白，我的優先次序與價值觀已經改變，我運用時間的方式，也與以前不同。你要記住，過去的你已經不是現在的你，也不是逐漸成形的未來的你。

我們每天都要做超多的決定（有人估計是三萬五千個），不可能永遠不出錯。你看這本書，就是打算投資你的未來，就是在學習、成長。因此，十年後的你回顧現在做的選擇，一定會有遺憾的地方，但我認為這是好事，這代表你在成長。

## 時間與工作

回頭來談善用時間的概念，感覺自己時間富裕，是快樂的一大泉源。《韋氏字典》將「富裕」定義為「大量的供給。」很多人並不覺得自己時間富裕。「我就是沒時間。」這句話，聽起來是不是很熟悉？倘若你老是覺得沒時間，例如沒時間完成工作、運動、與家人相聚、打理生活瑣事、嘗試新事物，那也許該考慮改變工作的方式，重拾時間富裕。

也許你真心熱愛現在的工作，但把工作時間減至每週四天、到海外工作，或是轉行，會不會更好？可以從下列問題開始思考：

- 現在的工作有哪些地方是我喜歡的，哪些地方又是我不喜歡的？
- 我要是不喜歡現在的工作，是工作環境與文化的問題，還是這份工作本身的問題？
- 我喜歡在怎樣的團隊或環境工作？
- 我要是減少工作時間，一週只工作三至四天，會有多快樂？
- 我現在的工作，能不能移到海外去做？

- 我如果要轉行，需要具備哪些技能與資格？
- 我現在的工作，能不能改成以自由接案，或是臨時人員的方式做？

你當然要分配一些時間給工作，但絕對不能搞得自己很痛苦。想一想，現在的工作方式有哪些地方可以調整，給自己多一點時間富裕感。

## 試試迷你退休

可曾想像過擁有長時間的空閒，大把的時間富裕？讓我們歡迎迷你退休。迷你退休沒有固定的定義，可以是每五年抽出三至六個月，做自己想做的事、踏上冒險之旅、展開新課程，與親朋好友更常相聚，或是純粹看看越積越多、平常沒時間看的書（不可能只有我有這個問題）。

克里斯．古利博在著作 *The Happiness of Pursuit* 中，談到追求的作用，追求「能為我們的人生，增添額外的意義與成就。」他說：「一種追求有幾個主要的特色，包括明確的目標、真實的挑戰，過程中也要有幾個里程碑。」追求的種類很多，可以是駕車環遊歐洲、學一種新語言，也可以是從頭開始建造一座菜園。我們可以選擇的生活方式何其多，可以盡情將時間用於有創意的用途。

現在就可以定期抽空，規畫你的財務、職業生涯與人生，又何必等到六十歲以後呢？這樣做不見得適合每個人，但也是一種現在就能享受時間與金錢的好辦法。

## 減少干擾，把握時間

干擾太多，我們就無法達成目標。干擾是一種行為，會讓我們得不到自己想要的東西，而且干擾無所不在，到處消耗我們的時間。播客、社群媒體、串流服務，以及不斷轟炸的通知，都在爭搶我們的注意力。

干擾是消滅不完的，減少干擾是我們的責任。所以該怎麼做？在這一節，我要介紹幾種善用時間的方法。可以從下列幾種開始：

- **待辦事項不要列一大堆**。應該要按照重要性排列，估計完成每一項所需的時間，再一一寫進行事曆（訂出所需時間）。
- **找個伙伴監督你**。要找一個能長期監督你運用時間的人。例如假設你每週末都要有三小時，在完全不受干擾的環境創作，那就找個朋友監督你確實做到。

- **排除周遭環境的干擾**。你想有一段時間專心達成目標，就要想辦法排除干擾，包括人、科技產品，以及周遭環境的雜訊。

我接下來會介紹如何安排可以浪費的時間，也要談如何改善數位生活。現在我想先停下來，深入思考干擾的真正根源。我們喜歡怪罪科技產品以及其他人害我們不專心，但這些其實只是干擾的徵象，並非根本原因。尼爾．艾歐在播客透露，我們受到的干擾，百分之九十是來自我們不知該如何處理，也不想面對的內心不自在的感覺。我們必須花時間弄清楚干擾的根源，否則就只能繼續自己干擾自己。

## 安排可以「浪費」的時間

艾歐告訴我的另一個重要概念，是你原本就打算要浪費的時間，並不算浪費掉的時間。我再說一次：原本就打算要浪費的時間，並不算浪費掉的時間。晚上看電視完全沒問題，重點是要事先規畫。你在行事曆上規畫了看電視的時間，那你一下子就變成按照計畫行事，而不是腦袋一片空白在滑手機。

我以前認為，一個週末結束後，我應該要能說出一堆已經完成的事，否則這個週末就算「失敗」。後來我發現（一）沒人在乎，（二）我給自己設下的成功標準太武斷，而且（三）我把自己累慘了，這才開始做一些不見得有「生產力」的事情。我發現，原來跟朋友聊天、散步幾小時，不特意規畫要做什麼，對我來說充電效果最好，所以我現在經常這樣做。說到底，重點是搞清楚你想把時間用在哪裡，而不是你認為該用在哪裡。

## 提升數位生活

卡爾．紐波特在《深度數位大掃除》寫道：「想在高科技的世界成功，關鍵在於大幅減少使用科技產品的時間。」但這話說得容易，要做可不是普通的難。現在的我們花大把時間在線上，平均每天使用社群媒體至少二小時。難怪我們的想法、感受與意見，全都深深受到我們在網路上看見的內容影響。突然間，我們拿自己，跟地球另一端我們從未見過的人，在數位世界的形象比較。我們對議題的看法，也被我們收到的訊息左右。

社群媒體是連結、自我表現、學習的好幫手，但也還是有缺點，例如會導致睡眠品質不佳、更喜歡與他人比較，以及心理健康問題增加。所以我覺得應該這樣做。無論是封鎖廣告、只看親朋好友傳來的內容，還是只是增加你的 Instagram 訊息中可愛兔子影片的數量，總之就是花時間，提升自己的數位生活。以下是改善數位生活的幾種方式：

- 在你的網路瀏覽器，加裝廣告攔截程式。
- 針對某些應用程式與網站，用程式設定使用時間限制，或是予以封鎖。
- 取消追蹤，或是封鎖你不認識的品牌或是社群媒體帳號。你也可以封鎖那些弄得你一天到晚拿自己跟別人比較的帳號，你儘管封鎖，對方根本不會發覺！
- 一定要追蹤內容能讓你快樂、你也感興趣的帳號（例如我就很喜歡與書籍有關的內容）。
- 取消訂閱行銷的電子郵件。
- 整理你的收件匣，將電子郵件歸類到信件匣，在必要時使用自動回覆，在你的收件匣設定自動轉寄與篩選器。
- 追蹤能挑戰、能擴大你的觀點的帳號。千萬不要落入同溫層（尤其是你如果打算投資）。

✍想一想，現在的你做出什麼樣的改變，能改善你的線上生活，減少干擾。現在就完成這一項改變，再想想你還能如何改變你的數位生活。

要記住，科技只是一種工具。如何使用由你作主。不要讓干擾耗盡你的時間。要想辦法減少雜訊，按照計畫運用時間。

## 幫你抓重點

- 你的時間很重要，而且也可以用來購買快樂，所以千萬不要小看。你把時間看得比金錢重要，就會更快樂。要記住，時間是一種有限的資源。用去就不會再有。
- 你的時間是一種資產，可以轉化為金錢、成就、更好的人際關係，以及更多選擇，全看你怎麼使用。
- 想想你現在使用時間的方式，也想想是否符合你的價值觀。分析你的生活，就能找出你目前使用時間的方式，以及你希望的方式之間的差距。然後再朝著你希望的方向努力。
- 研究證實，你把時間看得比金錢重要，會比較快樂。珍惜時間的方式之一，就是把不喜歡做的事外包出去。
- 遺憾不見得一定是一種負面的感受。你可以把遺憾當成一種證明，證明你已有所成長，現在想把時間用在別的事情上。
- 聰明使用科技，科技應該要改善你的生活，而不是消耗你的時間。

# 第七章
# 買快樂
## 盡情享受人生

在人生中，我們必須選擇遺憾。與其思考想要哪些決策，不如想想哪些是你不能沒有的決策。哪些遺憾是你選擇之後可以接受，哪些又是你絕對無法接受，也不會原諒自己的？

——摩根・豪瑟

紅髮艾德在墨爾本板球場登台的那一刻，時間彷彿靜止不動。在那二小時，板球場的十萬零八千人忘了日常生活的煩惱，忘情唱著歌。對於演唱會的門票，我覺得在場的每個人，都買到一整晚無拘無束的快樂，絕對值回票價。

我在二〇二二年，看了伊莉莎白・鄧恩、丹尼爾・吉爾伯特，以及提摩西・威爾遜的文章〈錢若沒能讓你快樂，那大概是你沒把錢花在對的地方。〉我會看這篇文章，是因為我最喜歡的 YouTuber 阿里・阿卜杜在他的頻道上討論。我看著這篇論文，突然有所領悟。我以前就知道，是真的有花錢買快樂這回事，因為我從親朋好友，還有我的播客朋友的人生，都看到這樣的例子。我自己在紅髮艾德的演唱會，也感受到花錢買來的快樂。不過這篇論文集結了大量研究，證明了我一直懷抱的想法：只要懂得用錢，錢就能讓你快樂。

坦白說，這輩子要是從來不曾按照自己的意思生活，從來沒想過自己怎樣才會快樂，純粹就是還清債務、存錢、累積財富，直到生命的盡頭，那可以說一點意義也沒有。這才是我們理財的目的，不是為財務獨立而財務獨立，而是創造一個能自由運用時間與金錢，至少能運用得好一點的人生。

在這一章，我要討論金錢與快樂之間的關係，探討如何用金錢買到快樂，以及你在累積財富的路上不斷前進，有哪些重要的事情值得注意。我不能向你保證，個人財富增加以後，就再也不會不快樂，但我可以告訴你一些研究證實有效的方法，能用金錢讓自己更快樂。

# 金錢與快樂

「所得更高，壓力會更低。」這句話，你聽了應該不會覺得驚訝吧？哈佛大學商學院教授喬恩・雅次莫維茲仔細研究這句話，說道：「並不是說有錢人就沒煩惱，只是有錢就能更快解決問題。」他在研究中，召集一群所得在一萬至十五萬美元以上的參與者，請他們連續寫日記三十天，再記錄他們對於事件的情緒反應。他依據蒐集來的資料，歸納出下列結論：

一、錢能降低強烈的壓力，尤其是負面事件所引起的強烈壓力。
二、擁有更多錢，就更能控制日常生活。
三、收入更高的人，通常對自己的生活較為滿意。

有了錢，並不表示壞事就不會發生，但壞事絕對會變得稍微好處理一些。有了錢，即使面對人生當中最悲慘的一天，也不需要擔心錢的問題。這一點很重要。消除（至少減輕）眼前的財務壓力，是金錢所能做到的最有價值的事情。

還記得我們在第一章談到的應急基金？那是快樂拼圖必不可少的一塊。有應急基金以備不時之需，或是在朋友真正需要我們的時候，我們能請假一天拔刀相助，都證明了只要有錢，壞事也會變得沒那麼嚴重。有一筆可供應急的閒錢，小事也能變得更好處理，例如即使火車班次取消，也有錢坐車回家，或是有錢訂購直送到家的雜貨。

在接下來的幾章，我要介紹幾種投資與累積財富的方法，你就能輕鬆處理人生的難關。我希望你看了我介紹的方法，賺到錢之後能減輕壓力，更能主宰人生，人生也會更快樂。

不過我想先談談，我所了解的幾種金錢可以買到快樂的方法。你擁有的錢越多，運用這些方法當然就越容易。但你也許會感到意外，原來只需要稍微調整花錢的方式，就能大大提升你的快樂。我們這就看看幾種實用的方法，運用你現有的錢，創造更有價值的人生。

## 鋪平未來的路

我在前一章提過，將自己不喜歡做（或是太耗時間）的事情外包給別人做，就能節省時間。但我現在想強調的，是花錢讓未來的路更輕鬆，所能帶來的情緒效益，也就是快樂。除了準備應急基金，以備不時之需之外，也要用錢讓日常生活更輕鬆，就能減輕壓力，生活也會更快樂。例如我這個禮拜把工作衫送去乾洗，就不必自己手洗，也不必擔心我不甚高明的熨燙技術，會把衣服燒壞。

現在要請你練習。想想要怎麼花錢，未來的路才會更輕鬆。你要是有閒錢，那這個禮拜不妨挑一件事情試試，無論是把一件外套送去乾洗，還是花錢請會計師打理你的稅務。這也是個好機會，能讓你放大思考格局，在你的願景表增加一些目標（見第三章）。例如你現在可能負擔不起，但也許希望幾年後，每二週將衣服送乾洗一次。

我在第六章提過，我們應該要記住，人生不應該一味求平順。也許以你的價值觀與喜好而言，一味求平順，只會害得自己不快樂！何況有些最精采的人生經歷，是來自意外的事故，向他人求助、與本地群體來往，或是直接承擔後果，也有好處。

## 經驗比東西重要

那篇探討快樂的論文，有句話讓我印象格外深刻：「金錢是得到快樂的機會，但很多人經常虛擲這個機會，因為他們以為能讓自己快樂的東西，往往起不了作用。」社會訓練我們去追求物質的東西，向我們保證追求到了就會快樂。但買到一樣東西的興奮感，消逝得也很快，尤其是買這個東西沒有什麼特別目的的時候。研究顯示比起買來的東西，買來的經驗帶來的快樂顯現得更快，也更長久。

比爾・柏金斯在《別把你的錢留到死》提到我們憶起回憶，從中得到的樂趣，就是他所謂的「記憶股息」。簡言之，我們每次回想一段經歷，例如一次很特別的假期，得到的快樂感就是記憶股息。你不僅得到第一次累積經驗的好處，經驗還會在你的記憶中存在多年。我就體會過記憶股息的作用，紅髮艾德魔力四射的現場表演終究有結束的時候，大家散場回家，我在演唱會現場感受到的快樂，卻沒有結束。甚至可以說我現在想起這段回憶，還是很快樂。

迅速適應的能力，是許多人眼中人類最傑出的能力之一。但迅速適應的能力，會引發所謂的享樂適應現象，嚴重侵蝕我們的財務。Psychology Today 將「享樂適應」定義為「會影響快樂的正面或負面效應，隨著時間淡化的過程。」這個道理說穿了，就是我們可能認為加薪會讓我們快樂，第一次加薪大概真的會，但我們要是不小心，消費很快就會跟上加薪之後的收入，以前遇到的問題又會重演。要對抗享樂適應，就要少購買物質的東西，多購買經驗，因為我們適應新經驗的速度較慢。

有時候我們忽視了經驗讓我們與其他人連結，發展人際關係的重要性。我們的經驗通常是與朋友、家人一起累積（例如一起聽音樂會，共享聖誕節午宴），也是認識陌生人的機會（例如加入本地的籃網球球隊，或是上夜間課程）。研究也證實，經驗的社交作用，能增加經驗帶給我們的快樂，所以規畫下一次的冒險與活動，也要牢記這一點。

有時候物質的東西也可以是一種經驗，研究學者也說「二種類型的購買之間的界線很模糊。」然而大多數的消費者，都能將過往購買的東西歸類為二種類型的其中之一。以我最喜歡的作家莎拉．馬斯寫的書為例。多年來，我時時留意她的新作上市的消息，一買到新書幾天就啃完，與其他書迷討論，幾年後再重讀她的系列作品，重溫這種樂趣。買一次書，往後許多年都能不斷領取大筆的記憶股息。由此可見花錢購買一些物質的東西，也可以是投資快樂，尤其是能帶來源源不絕的記憶股息的東西。

雖然許多研究告訴我們要累積記憶，不要累積堆放在閣樓的雜物，但實際上很難做到，因為我們很少會停下來思考，無論是經驗還是物質的東西，究竟要買什麼，自己才會快樂。所以我們這就來想想。

✍列出你過去一年來，購買的五項最昂貴的物質產品（房租、公用事業費用除外）。再列出過去一年來，你購買的五個最昂貴的經驗。思考下列問題：

- 你看著、思考著這二份清單時，有什麼樣的感受？
- 哪一份會讓你感到更快樂，想起更多快樂回憶？
- 你該如何花錢買來更多經驗？（可以是一些小事，例如帶朋友出門參加活動。也可以是願景表裡面的較大的構想，例如全家出國度假。）

## 期待就有了一半的樂趣

想想你在人生中，期待幾小時後、幾天後，甚至幾週後，才會得到很想要的東西，或是事件的經驗。在期待的期間，你想像夏季的假期，想像在新房子的生活，或是想像終於得以造訪大家讚不絕口的那家餐廳。雖然在等待的過程中，可能會緊張、不耐煩、生氣，但研究證實，你越是期待一種經驗，越能從中得到樂趣。

這種效應在期待經驗，比期待買東西顯著得多。此外，期待未來的正面事件，對心理健康也有益。一項研究顯示，「期待正面的事件，就足以引發正面的情緒狀態。」也能讓我們更輕鬆應對生活的壓力。

✍看看你的行事曆。接下來的六個月，有沒有你期待的事情？也許是與朋友的午餐約會、工作會議，或者是你已經訂票的音樂會。如果沒有，那能不能預訂一個你會期待的活動？

期待未來的經驗，能讓自己更快樂。除此之外，從理財的角度看，延遲購買通常遠勝於衝動購物、借錢購物，或是以先買後付購買。零售業者、銀行，以及先買後付服務公司灌輸我們的訊息，就是你值得，所以別擔心存錢的事！現在就買。但是這種訊息終究只對他們有利。

我們還是把先買後付倒過來，現在先存錢，以後要是還想買再買。也可以說成先存後買。下次看上了某樣東西，不妨試試：先別急著掏出信用卡，或是動用存款購買，而是設定目標，開設專用帳戶，想想你每個月能存下的金額。再將存錢的過程自動化，你就不必費心處理。要在你實際購買經驗或東西之前，給自己時間好好思考、想像，也享受逐漸高漲的預期。

## 把錢花在其他人身上

你投資多少錢經營與親朋好友的關係？研究證實，同樣的金額，我們花在別人身上，比花在自己身上快樂多了。問題是研究也證實，很多人不懂這個道理，以為把錢花在自己身上才比較快樂。

我們把錢花在親朋好友身上會比較快樂，原因之一是可以建立社會關係。你與朋友輪流請對方喝咖啡或吃午餐，再比較你在你請客時，與他請客時的感受就知道了。這可以說是一種默契，等於你們約定很快要再聚。這表示你相信對方會延續這種作法。想想你買禮物給至親好友（尤其是給他們驚喜），或是捐錢給你重視的組織團體時的感受。這些舉動強化了你與社會的連結，帶給你的快樂，遠大於你將同樣一筆金額花在自己身上。

你手頭寬裕，當然就有大方的本錢。你手頭寬裕，請客吃晚餐，買昂貴的禮物，或是拿錢給親朋好友與慈善機構，都不是問題。你要是手頭比較緊，那就要想想以其他辦法展現慷慨，經營關係，而不至於影響到自己償債，或是累積應急基金的進度。例如你可以請朋友來家裡喝咖啡，不去外面喝，或是幫家人組裝家具。

這樣慷慨會不會有負面影響？可以把你的慷慨當成水缸。水龍頭要是一直開著，那大概來不及等到雨水補充，水缸裡的水就會流光。你也要為自己著想。何況你的水缸裡的水要是流光，你也無力再幫任何人。

你這個禮拜，要如何運用金錢（還有）時間，與親朋好友聯絡感情，或是伸出援手？你能不能買花送給你的媽媽，請朋友喝咖啡，或是幫他們遛狗，給他們一個驚喜？選一樣試試看，再想想你有什麼樣的感受。

## 捐贈金錢

要想一想你可以怎樣將手上的資源，與其他人共享，因為這對你的快樂有很大的影響。哈佛大學商學院的麥可・諾頓在人氣很高的 TEDx Talk 演講表示，花錢在別人身上，自己也會快樂。他也說，並不是一定要花大錢，比方說捐一萬澳元給本地的學校，自己才會快樂。小小的善舉照樣能讓自己快樂，例如在學校舉辦的市集消費，請別人喝咖啡，或是線上捐款五十澳元。

諾頓也提到蓋洛普世界民意調查於二〇〇八至二〇〇九年進行的調查。這項調查的結果發現，在一百三十六個國家當中的一百二十個，前一個月曾捐錢給慈善機構的人，認為生活更快樂。牛津大學的安德烈亞斯・摩根森說，這項研究有個值得注意的地方，就是要弄清楚慈善機構會如何運用你的錢。這項研究指出，我們知道自己捐出的錢究竟對別人有什麼助益，提升快樂的效果會更明顯。

很多人希望能對別人付出更多，卻覺得沒有時間處理。有個解決的辦法，是在你的預算優先規畫捐款，例如設定自動扣款給慈善機構，或是每月固定挪出一百澳元幫助別人。你也可以與道德哲學家彼得・辛格創辦的 The Life You Can Save 之類的機構合作。此類機構會為你找出最能善用你的捐款的組織。

給自己一個挑戰，在未來二十四小時捐出十澳元，也許是幫助別人，放些零錢在小費罐裡，或是捐給慈善機構，再想想自己的感受。

## 數量與新奇的效應

有時候花小錢買很多經驗與物品，比花大錢買一個好。出國度假之類的盛大經驗雖說很好，但出國度假的結果，就是這一年恐怕沒有那麼多錢，能買東西讓自己開心。這又回到享樂適應的概念，也就是我們的大腦很快適應重大的經驗或購買，但對於較為尋常的經驗或購買，則是適應得較慢。我們結束浩大的旅程，調整好時差之後，很快又開始尋找下一個快樂的泉源。

我選擇跟朋友在週末一起喝咖啡，因為我覺得這樣做，比一年一度花錢在週末出國度假更快樂、更滿足，而且不只在當下，還會延續整個禮拜。不過這還是要看各人的價值觀、目標，以及偏好，所以最好試試各種選擇。想想有哪些方法，不必花大錢也能讓自己常常快樂。也許是跟朋友一起參加每週一次的運動課程，每個月買一本新書，或是每週末試試一家新的咖啡館。

還有一種用錢買快樂的方法，是把你花錢的方式，跟花錢的對象結合。專家建議，可以運用下列的變數，改善大腦對於經驗的感覺：

- 新奇（你從未經歷過）
- 意外（你沒預料到）
- 不確定性（你不太確定是什麼）
- 易變（層出不窮的變化）

花錢買快樂還要講究新奇，有個簡單的辦法，是花錢做你從未做過的，也很有意思的事，例如造訪你從未造訪過的國家，或是試試你從未接觸過的跳傘運動。但也別忘了我們討論過的數量。即使你做的是小事，例如週末出門喝咖啡，也可以追求新奇，給自己更大的享受。例如你可以去新的咖啡館、請朋友喝杯咖啡，或是換個時間去喝咖啡。你花費的金額不會相差太多，得到的經驗卻不同，說不定你還更喜歡。

你可以更進一步，與一位朋友合作。你們每個月輪流，由一個人安排驚喜活動，只告訴另一方時間、地點，以及衣著規定。如此一來可以增添新元素，你也可能得到意料之外的體驗。

想想你能以哪些不同的方式花錢，為你購買的東西增添新奇的元素，也增加購買的數量。這是運用你每個月都會花費，用於買你想要的東西的錢，做出一些微幅的調整，讓自己更快樂。

## 錢買不到的東西

你在這一章看到幾種研究證實有效的策略，可能會想：「凱特，妳講的這些都很好，但錢並不是什麼都能買。錢買不到我與姐妹的感情，買不到我因病失去的那些年，也買不到快樂。」我覺得你這麼想是對的。錢買不到的東西很多，而且這些東西也很重要。

我與不同年齡的親朋好友聊過，從中歸納出幾項錢買不到的東西。請你稍微花點時間思考這些東西，還有其他同樣無價的東西，對你自己的人生的影響，也想想你該如何追求每一項。

## 健康

健康出問題的原因很多。有錢確實能買到治療某些疾病所需的醫療，但還是有很多問題無法用錢解決。錢能做到的，是可以用於提供你的身體最好的照顧，畢竟你只有這個身體。倘若你負擔得起，那就好好想想該如何用錢打理你的健康，無論是接受預防醫療、不要延後昂貴的診療與檢查、參與你喜歡的健身活動，或是購買更優質的食物。

## 失去的時間

錢買不回來失去的時間。即使你想改變一切，也無法用錢買到一台時光機器。解決的辦法，是往後謹慎選擇，把握手上的時間，以及用錢換取時間，跟你最重視的人，做你想做的事。回想第六章談到的一些概念，思考該如何應對心中的遺憾，往後將自己的時間規畫得更好。

## 優質的關係

一項針對美國大學生的研究顯示，最快樂的學生與不快樂的學生相比，社交很活躍，人際關係也較為穩固。研究團隊發現，快樂的學生「並沒有比別人經歷更多客觀定義上的好事。」除了穩固的人際關係之外，也沒有其他顯著的共同點。你要是每次都請客，花大錢買東西送人，也許能買到短暫的友誼，但這樣的友誼禁不起時間的考驗。經營優質的關係需要時間、努力，還要經常關懷。你在意的人，在你的人生的高峰與谷底，都會與你攜手同行，這樣深厚的情誼需要時間經營，而且不是用錢能買到的。有句老話說得對，別人會記得你帶給他們的感受，所以在朝著其他理財目標努力的路上，別忘了要經營優質的關係。

## 目標

常有人說，只要找到目標，認真追求，這輩子就不會有一天感覺像是在工作。

我對這句話很有意見，不過我認為有目標、有追求的人生，是錢買不到的。你必須自己思考人生的優先次序，自己想怎麼度過人生。誰也不能幫你決定。你人生的目標，是另一個需要時間、經驗，以及嘗試，才能解答的問題。

## 滿足感

感覺自己夠好，擁有得夠多，對自己的人生，擁有的一切感到滿意，是錢買不到的最重要的東西之一。僅僅是眾多不快樂的名流與富豪企業家，就足以證明這一點。你對於現在擁有的一切不滿足，那即使擁有更多的錢、東西，以及時間，也還是很難快樂。要記得，你現在擁有的東西，可能是你以前渴望的東西。在人生路上的每個階段懂得感恩，是快樂的關鍵。

想一想，你現在該怎麼做，才能更接近你想成為的人，還有你想要的人生。這件事情不需要等到以後再做，現在就開始。

# 我如何買到快樂

曾有人對我說，你會問自己快不快樂，就代表你很有可能不怎麼快樂。不過我還是覺得，在人生的這個領域懂得自省、積極主動，絕對是件好事。我因為要寫這本書，必須放慢腳步，想想那些年我如何買到快樂：經驗、有形的物品，與至親坐下聊聊的時間。

我最近回想自己如何買到快樂，覺得自己花了幾次大錢，但換來的快樂絕對值得。例如獨自一個人到歐洲旅行一個月、買票觀賞現場表演、買禮物給親朋好友，還有買了二個新書架。有些比較大的項目，例如出國，要在幾個月，甚至幾年前就定下目標，還要存錢。我必須了解支出、管理預算、增加收入，也要習慣延遲享樂。我花了時間了解我的價值觀與優先次序，所以在花這些錢的時候，我有把握，這錢花了一定會快樂，結果也確實如此。不過我們也要記住，盛大與昂貴不見得就比較好。我在那些年花少少的錢，甚至不花半毛錢，也有許多小小的享受，例如看一本好書，在大自然走走，與朋友共享一壺新泡的茶，跟爸媽在電話上聊天。

✍現在要請你在手機上寫一份清單，列出不需要花大錢，又能帶給你快樂的小事。等你遇到難熬的一天，或是純粹需要提振精神，就拿出這份清單，選一項活動。

我聽見其他人花錢買快樂的經驗，覺得很有意思。如果你從來沒聽說過花錢買快樂，那聽聽別人的觀點絕對有幫助。所以我在群體發出訊息，邀請大家分享最近花錢買快樂的經歷。我在這本書的最後，列出他們的幾項回應給你參考。也可以在 buyinghappiness.com.au 網站找到更多構想。

## 幫你抓重點

這一章一開始提出的主張，是錢如果不能讓你快樂，那你大概是把錢用在錯的地方。你按照計畫運用時間（第六章討論過），再加上我在這一章提到的策略，應該就能更快樂。想擁有能買到快樂的財力，也是理財的一大動力。我們已經打下堅實的基礎，現在要討論如何讓你的錢工作得更努力，你就能藉由投資，實現更大的理財目標，例如達到財務自由。

- 我們有了錢，就會覺得更能掌握自己的人生，強大的壓力也會降低，還會對人生更為滿意。
- 我們花錢買經驗，通常會比花錢買物質的東西更快樂。
- 我們把錢用在親朋好友，或是慈善機關身上，會比將錢花在自己身上更快樂。
- 錢雖說好用，但在人生的某些領域，例如健康、人際關係，以及人生的目的，錢並不能買到快樂。為了追求財富而犧牲這些，只會讓自己更不快樂，所以不要忽視真正的重點。

# 第八章 聚沙成塔
## 了解複利，開始投資，展開自動化理財的人生

一般人想致富，只需要做到二件事：要知道該怎麼做，還要有執行的紀律
——諾爾．惠特克

我們在上一章談到，只要懂得用錢，就能用錢買到快樂。錢並不是解決人生所有疑難雜症的萬靈丹，但有錢確實可以活得輕鬆一點。所以，我們當然想要多賺些錢，對吧？那我們該怎麼把手上的錢變成一桶金，不會害得自己變成小妖怪？我想向大家介紹投資的概念：投資為什麼看起來很難，實際卻簡單得多。如何以長期投資，穩穩累積財富。以及最重要的是，如何繼續過生活。

這一章全部的內容，都是要告訴你如何以投資累積財富，無論在現在，還是在

未來，你都有本錢買到快樂。你在這一章會發現，小小的理財行動，久而久之會累積大大的報酬。看完這一章，你應該已經開設經紀商帳戶，投資你的第一筆五澳元，展開自動化理財的旅程，理財根本不需要這麼難！

## 投資的基本功課

你想起「投資」二個字，會想到什麼？很多人會覺得遙不可及，感覺是某些人才會做的事情。我要破除這種想法，因為投資已經不是一群身穿西裝的男人，在交易室對著彼此大喊。誰都可以投資，而且投資也可以是實現理財目標的一大助力，無論你的理財目標是有更多時間與家人相聚、休假去旅行、付清房貸，還是擁有更多退休基金。投資就像現在種樹，幾十年後才有大樹可供乘涼。

那投資到底是什麼？我們盡量說得簡單一些。所謂投資，就是購買其他人認為有價值的東西，自己也認為往後能以更高的價格賣出。新手投資人一開始投資，通常是研究之後，再買進企業的股票，或是指數型股票基金（ETF）的單位。所以我在這一章要介紹這二種投資工具，剛開始投資的你可以多加運用。你能選擇的其他投資工具還有很多，比方說房地產與債券，只是這本書不會花太多篇幅介紹。你可以每一項都投資，所以一定要研究，也可以利用我在這本書最後提供的參考資料。

你能投資的東西很多，不過我們一開始還是先說公司好了。想想一家公司，你很喜歡用、也經常用他們家的產品與服務。把這家公司的名稱寫下來。現在要請你發揮你的研究能力。關於這家公司，你能挖掘出多少詳細資訊？可以從下列角度思考：

- 公司的總部在哪裡
- 執行長是誰
- 有多少員工
- 近來的媒體報導
- 販售的各產品與服務
- 在哪些國家營運
- 公開發布的財務資訊

你如果能回答其中幾個問題，那已經該拍拍手了！這些都是專業投資分析師在研究過程中，會關注的非常高階資訊。你投資一家公司的股票，等於買下這家公司的一小部分。你完成一筆交易，就能擁有一家公司的一小部分。是不是太美妙了！（請注意，你在研究的時候，可能看到的是「股票」，而非「股份」二字，別擔心，在這本書二者的意思是相同的。）

並不是每一家公司都公開上市，有些公司的股份，完全掌握在一小群投資人的手裡。例如你研究的公司，可能是你家附近的小餐廳，所有權大概是掌握在少數人手裡，要買進股份並不容易（除非你想經營小餐廳）。也許你研究的是迪士尼這樣的企業，在紐約證券交易所（NYSE）公開發行。我們稍後會討論。

我希望你在研究過程中能了解，大多數的公司是會做事的。這些公司製造、販售產品或服務、雇用員工、繳稅、行銷自己，也會研發新構想。倘若一切順利，企業就會成長，成長就是賣出更多產品與服務、雇用更多員工、知名度更高、價格上漲。你投資一直成長的公司，久而久之公司的股價上漲，你作為股東就能受益。例如你以每股十澳元的價格，買進一家公司的一百股，你的投資總額是一千澳元。公司股價若是上漲至十二澳元，你持有的股份的總價值，就會是一千二百澳元。當然股價也有可能下跌。公司股價若是下跌至八澳元，你持有的股份的總價值，就會減至八百澳元。

股市每天漲漲跌跌（想想電視上的最新財經新聞），但長期的走勢穩定得多。你做的功課與研究，會深深影響你的投資績效。此外，聰明的投資人（例如你和我），絕對不會把所有的錢都放在一項投資工具，因為分散投資是降低風險的好辦法。想一想就知道了，你把所有的錢都拿去投資一家公司，結果這家公司破產，你就損失所有的錢。但是你如果持有二十家不同公司的股票，即使一家公司倒閉，也不會重創你的整體投資績效。如果你覺得這些有點複雜，也別擔心。我在這一章還會介紹另一種比較簡單的工具，也就是指數型股票基金（ETF）。

## 投資不是賭博

我們繼續討論下去之前，我想先強調，投資，尤其是我即將介紹的那種投資，並不是賭博。澳洲家庭研究所估計，澳洲人每年因為合法賭博而損失的金錢，大約是二百五十億澳元。這個數字簡直嚇人。如果你自己，或是你的至親有賭博的習慣，可以尋求專業協助，例如澳洲的 Gambling Help Online 網站提供保密且免費的服務。

賭博玩的就是隨機的運氣，而且遊戲就是設定成要讓你輸。想一想，你賭博輸了錢，賭場就能賺錢，所以賭場要設計你輸，才能獲利。你買一家公司的股票，則是與賭博不同，你與公司追求的是同一個目標：公司成長，久而久之帶動股價上漲。所以你與公司的利益是一致的。

話雖如此，你還是有可能懷抱賭徒心態投資，這樣投資是有風險的。我們稱之為「投機」。你大概聽說過朋友在宴會，或是在Reddit聽到某個投資機會，沒做研究就貿然投資，結果損失一大筆積蓄（想想席捲網際網路的加密貨幣熱潮）。你的朋友也許會走運，能發一筆小財，但最有可能的下場，還是損失一大筆錢。如果你想失眠、想賠錢，那投機就對了。想買到快樂，就千萬別這麼做！投機不會是你要走的路。你要走的是一條緩慢而穩健的投資之路，以分散投資、定期投資為原則，而且一定要搞懂自己投資的是什麼。

## 神奇的雪球：複利

你以前一定看過讓你覺得「這怎麼可能！」的東西。也許是高齡五百歲的樹、跨越整個山谷的彩虹，或是 Netflix 影集 Magic for Humans 的神奇魔術。就算你了解這些背後的科學原理或運作機制，還是會覺得很神奇。直到現在，我有時候還是覺得複利很神奇。複利就是我投資的本金長期成長的機制。

例如想一想儲蓄帳戶。你的儲蓄帳戶裡可能有一千澳元，賺取百分之三的利息。存滿一年，你的帳戶大約就會有一千零三十澳元。在第二年，你就會賺取一千零三十澳元的本金的百分之三。你的利息又會生息，隨著時間不斷成長，這就是複利。

複利就是錢隨著時間生錢的方式，但最好還是用一個例子說明，比較清楚（為了簡化說明，我們將費用與稅金略去不提）。假設你每月投資一千澳元，連續投資三十年。你將資金分散投資，平均年報酬率為百分之七，那三十年後，你的投資組合的總值將會超過一百萬澳元。三十年來，你總共投入的本金是三十六萬澳元，而你的獲利則是包括資本增值，以及你的投資收益。

我們一樣一樣說。所謂資本增值，就是你的投資項目的價值上漲，超過你一開始投入的本金。假設我以五澳元買進一家公司的股份，現在我的持股價值十澳元，那資本增值就是五澳元。投資收益就是公司獲利之後，付給你這位投資人的分紅。

這個分紅叫做股利，是你的投資組合整體報酬的一部分。但並不是每一家公司，都會發放股利給投資人。

把投資的結果，跟你每個月往儲蓄帳戶存入一千澳元，而不去投資的結果互相比較。你在三十年間投入的本金，同樣是三十六萬澳元，但平均年存款利率為百分之三，所以你三十年後，大約只累積了五十八萬澳元。這也不是小數目，但把錢存在儲蓄帳戶，是賺不到資本增值的，累積財富的速度也會慢很多。

從表二可以看出，每月投資不同金額，在複利的影響之下，在不同的投資期間能有怎樣的獲利。表二有二點值得特別注意。第一，投資的時間越久，投資績效越好。第二，投資的本金越多，累積財富的速度越快。要記得，也許你一開始每個月投資一百澳元，但等到你收入增加，就能增加投資金額。你往複利機器注入的燃料越多，你的投資組合長期而言價值就會更高，你也就能更自由運用時間。不要被這些巨大的數字嚇到，最重要的是要開始行動。我建議大家用用看複利計算機（moneysmart.gov.au 有個簡單的複利計算機），體驗複利的威力，尤其是一點一滴累積，能發揮的巨大效應。

也許你在想，價值一百萬澳元的投資組合，如何能買到往後的快樂。這是個好

**表二：複利與每月投資金額**

| | 每月100澳元 | 每月250澳元 | 每月500澳元 | 每月1,000澳元 | 每月2,000澳元 | 每月3,000澳元 |
|---|---|---|---|---|---|---|
| **5年** | $6900 | $17,300 | $34,500 | $69,000 | $138,000 | $207,000 |
| **10年** | $16,600 | $41,400 | $82,900 | $165,800 | $331,600 | $497,400 |
| **15年** | $30,200 | $75,400 | $150,800 | $301,500 | $603,100 | $904,600 |
| **20年** | $49,200 | $123,000 | $246,000 | $491,900 | $983,900 | $1,475,800 |
| **25年** | $75,900 | $189,700 | $379,500 | $759,000 | $1,518,000 | $2,277,000 |
| **30年** | $113,400 | $283,400 | $566,800 | $1,133,500 | $2,267,100 | $3,400,600 |

注意：這些數字經過四捨五入至最接近的一百澳元的整數，假設平均年報酬率為百分之七，未計入費用與稅金。

問題。這樣的投資組合不僅能帶給你經濟上的安穩，你還能把它轉化為銀行帳戶裡的錢，拿來付帳單、出國度假等等。至於該如何把投資組合變現，是你該找會計師談的事情（總是會有稅務的問題需要留意），不過大致上有二種選擇。你可以賣出投資部位（資本增值），也可以花用投資收益。我們在第十章會再深入討論，但累積財富，就代表無論是現在，還是三十年後，你都能擁有更多選擇。

複利成長的概念並不限於金錢，在人生的每個領域，小小的行動不斷累積，時間一長也會產生驚人的複利效果。想想你的人際關係、身體健康、教育、心理健康，以及職業生涯。我們一定要了解，現在持之以恒做出的選擇，十年、二十年、三十年後會產生巨大的影響。有時候要顧及以後的自己並不容易，因為「以後」感覺很遙遠，很不確定。現在要請你想像三十年後的自己。三十年後的你在做什麼？住在哪裡？最重視哪些人際關係？哪些能帶給你快樂？如果你希望未來的你能如你所願，那現在的你又該怎麼做？

## 投資沒有你想的那麼難

如果你覺得這些很複雜，要知道並不是只有你這麼想。很多人到這個階段，哪怕人生即將改變，也還是就此打住。我這樣說並不誇張。投資與累積財富，確實能改變你的人生，還能改變後代子孫的人生。堅持下去絕對值得，而且我向你保證，只要掌握基本原理，就搞定啦！

投資的原則幾百年來始終沒變。公司開開關關，我們買股票所用的科技也各有興衰，但能累積財富的投資心態，會伴隨你一生。投資不需要變成你人生的全部，甚至不需要成為你的愛好。你永遠不需要坐在家裡對著五台電腦螢幕，緊盯股價走勢。其實很少人會這樣投資。你大概已經知道，人類有一種傾向，即使是最簡單的東西，都喜歡搞得太複雜，金融業也不例外。

你在繼續看下去之前，一定要先完成第一章、第二章所介紹的基礎。如果你不確定是否已完成，那現在就先回頭打好重要的基礎。絕對要先償還利息高昂的債務，也要先準備應急基金。如果這些你都搞定了，那恭喜你，你可以開始投資啦！為了讓你有個成功的開始，我將多位專家與一般人為全家累積財富的投資原則，整理成五個簡單的步驟。我們要一起完成你人生的第一筆投資，哪怕只有五澳元，你的投資人生就正式展開啦！

## 第一步：開設經紀商帳戶

我們開始談好玩的東西之前，你需要先開設經紀商帳戶。有了經紀商帳戶，你就能與投資產品的買方與賣方交易。經紀商就是中間人。你告訴經紀商你想買什麼，要花多少錢，經紀商就幫你買進、處理付款程序，也幫你管理你買的東西，直到你想賣出，或是移轉到別的地方。這一切都在瞬間處理完畢，而且費用通常不會很高。

在Google搜尋你當地的「最佳經紀商帳戶」，再研究搜尋結果，找出適合你的經紀商帳戶。要注意，某些比較經紀商帳戶的網站，並未包含市面上所有的選項，而且這些網站將某些經紀商帳戶放在比較顯著的位置，就有廣告宣傳費可拿，所以要多方參考，也要考量你個人的需求。

選擇經紀商帳戶，應該考慮下列幾項：

- **費用**：你每次買進或賣出，必須支付三澳元至二十澳元不等的費用，每家經紀商的收費標準不同。我稍後會介紹經紀費用。
- **最低投資金額**：是五澳元也能投資，還是一定要達到最低投資金額五百澳元？如果你想先從小額投資開始，最好先確認平台規定的最低投資金額。

- **使用者體驗**：你是否覺得平台容易使用，也清楚易懂？一定要選擇你能操作自如的平台。如果你需要好用的手機應用程式，也要多方測試。
- **報告**：平台能否提供實用的報告，方便你在報稅時使用？是否提供投資績效報告？任何能讓你更輕鬆投資的服務，都會大大加分，尤其是你若要長期投資。
- **安全**：你的帳戶是否受到至少二層的安全機制保護？現在駭客攻擊與詐騙越來越猖獗，一定要確保自己的投資夠安全。研究一下你的帳戶能開啟哪些安全功能。務必選擇有主管機關管制，合法經營的經紀商。
- **市場**：在這個平台，能買到哪些投資商品？最多投資人想接觸的證券交易所，是能交易美國上市公司股票的那斯達克（NASDAQ）與紐約證券交易所（NYSE）。當然還有能交易澳洲上市公司股票的澳洲證券交易所（ASX）。

試試幾種不同的經紀商平台，看你覺得哪一種最好用。不妨回頭看看第四章有關分析癱瘓的部分。你若不知該如何選擇，可以依照第四章建議的方法，選擇適合你的經紀商帳戶。我良心的建議，是在選定之前，最好先試用你考慮的經紀商帳戶，確定好用之後，再做第一筆投資。這完全是個人的考量，所以最好試試看！試過以後再關閉你不想用的帳戶。就這麼簡單。

## 關於費用

經紀商收取的費用可能是固定的（例如九．五〇澳元），也有可能按照投資部位價值的比例計算（例如百分之〇．一二）。投資人當然希望費用越低越好，才能將更多資金用於累積財富，但也不能單憑費用選擇經紀商帳戶。挑選平台的過程中，最好考量我所列出的每一項因素。除了每一家經紀商都會收取的佣金之外，你可能還需支付帳戶管理費，或是你其實並未使用的額外服務費用。不要不好意思多方比較。許多經紀商帳戶並不會長期收取帳戶費，而有些帳戶則是在使用者要使用額外的服務時，才會收費。

# 第二步：研究不同的投資項目

開設經紀商帳戶之後，下一個挑戰是決定要投資什麼。這可不容易，因為真的是因人而異！這本書的每一位讀者，價值觀、目標，以及優先次序都不一樣，所以選擇的投資項目也會不同。這也是投資如此有趣的原因之一，卻也是很多人遲遲無法開始投資的原因。

我們都想堅持尋找萬無一失的投資方案，但我希望你在看這一段的過程中，能明白天底下沒有一種適合每個人的完美投資組合。我的投資方法，看起來跟你的投資方法不同，但我們可以用類似的步驟，研究各種投資工具。為了盡可能講得簡單一些，我在這本書會聚焦在股票以及ETF，也會告訴你一些實用的投資決策技巧。想深入研究，可以參考這本書最後面的「參考資料」，裡面有一些免費工具，能讓你了解更多。

## 股票

我在這一章稍早提到過，股票就代表一家公司的所有權。該記住的最大重點是，你買進一家公司的股份，就等於買進這家企業的一部分。在澳洲，公開上市的公司的股份，是在澳洲證券交易所（ASX）交易。所以你透過經紀商帳戶，可以買進必和必拓（BHP）、澳洲聯邦銀行（CBA）、CSL、西農集團，以及澳洲電信這些澳洲大企業的一部分。

許多投資人買進個股，因為他們認為個股的表現會優於大盤。什麼叫優於大盤？這是個好問題。投資人用於比較的基準，可能是S&P／ASX 200指數。這個指數追蹤在澳洲證券交易所上市的前二百大澳洲企業。投資人可能從這二百大澳洲企業中，選擇幾家他們認為表現優異的買進，而不是透過ETF（稍後會詳細介紹），投資全部二百大企業。僅僅是澳洲證券交易所，就有二千多家上市公司，要從中選出往後會表現優異的公司，是無比困難，即使是專家都很難做到。

投資股票的另一個原因，是可以選擇投資的標的。你在投資之前可以先做功課，研究一家企業的本業。投資人研究一家企業所參考的資料，包括年報、董事會成員、執行長，以及管理團隊的背景與資歷、財務報表、顧客與員工的評價，以及主要競爭對手。其實就是這家公司在哪些地方，勝過投資人能選擇的其他公司，以及投資人為何認為這家公司的價值長期看漲。

投資股票是個不錯的選擇，但要花很多時間，才能有好的績效。所以很多投資人遲遲沒有付諸行動，因為沒有時間、沒有知識，也不想好好研究一家公司。但即使不做研究，還是可以靠投資獲利。如果你想要比較不花時間，也比較容易入門的投資工具，那就聽我介紹ＥＴＦ。

## 指數型股票基金

指數型股票基金（ＥＴＦ）是金融界最棒的發明之一。ＥＴＦ說穿了就是依照一套規則，或是依據相似的特質，而挑選出的一群投資標的（例如股票），放在同一個籃子裡。例如在澳洲證券交易所上市的前二百大企業，或是一群科技公司。依循的規則通常是追蹤一檔指數，指數呈現的是一群股票的表現。我喜歡把ＥＴＦ比喻為一盒吉百利綜合口味巧克力。我買一盒，就能嚐到所有口味的巧克力，不必為了只能挑選酥脆口味，或是櫻桃夾心，必須捨棄其他口味而煩惱。你買進ＥＴＦ，是買進基金的單位，由ＥＴＦ發行機構幫你買進、管理投資標的。

我們舉個實務上的例子，標準普爾五百指數追蹤美國前五百大上市公司，例如蘋果、Google，以及萬事達卡的股票表現（股價）。你投資追蹤標準普爾五百指數的ＥＴＦ（例如ＩＶＶ ＥＴＦ），就能一次投資這五百家公司，不必自行買進個股。這一檔ＥＴＦ的價值，會隨著其所追蹤的指數（以及投資的每一家企業）上漲或下跌。IVV ETF的表現，就會受到美國前五百大上市公司的股價表現影響。

現代的ETF是於一九九〇年代問世，從此不斷吸引全球各地的投資人。根據估計，二〇二二年全球約有超過八千七百檔ETF，投資人不必花大錢，也能投資多種資產。現在可以買到的ETF，投資標的五花八門，包括澳洲各大企業、新興經濟體，以及債券。ETF是由ETF管理公司發行、包裝並管理（最知名的管理公司包括 iShare、先鋒領航、BetaShares、范達、SPDR）。這些公司也會向每一位投資人收取小額的管理費。

ETF的好處之一，是買進一檔基金，就能投資很多東西，可以做到分散投資。所謂分散投資，就是用錢投資許多標的，即使其中一項標的大跌，你也不太可能會損失慘重。投資ETF的成本也較低（因為不需要買進一大堆個股），你就更有時間經營你的人生，不必時時盯著任何一家公司的股價表現。ETF也很透明，你研究就會知道，管理公司會列出ETF所有投資標的。

你可以將ETF，當成你的投資組合的基石。你可以投資幾檔ETF，打造符合你的目標、風險忍受度，以及投資期間的投資組合。你可以在投資組合，納入ETF以及其他投資工具（例如個股），也可以單獨投資ETF。例如我的投資組合除了幾檔ＥＴＦ之外，也有幾檔澳洲與美國股票。

## 挑選ＥＴＦ

有這麼多檔ＥＴＦ可以投資，怎麼知道哪些最適合你？接下來我要分析找出適合你的ＥＴＦ的步驟，但請注意，我的分析並不是投資建議，而是要引導你自行開始研究。

假設我想投資澳洲企業，但我不想買必和必拓（ＢＨＰ）、澳洲聯邦銀行（ＣＢＡ）、ＣＳＬ、西農集團，以及澳洲電信這些個股，而是想買一檔能投資這些企業的ＥＴＦ。首先我上 Google 搜尋「澳洲股票ＥＴＦ」，或是前往澳洲大型ＥＴＦ管理公司的網站，大致列出幾個選項，例如：

- ＶＡＳ：先鋒領航澳洲股票指數型ＥＴＦ
- ＩＯＺ：iShares Core S&P ／ ASX 200 ETF
- Ａ２００：BetaShares 澳洲 200 ETF
- ＳＴＷ：SPDR S&P ／ ASX 200 基金

我再比較這幾檔ETF的主要特色。只要研究幾檔類似的ETF，觀察包括績效在內的重要特質即可。如果要長期投資，那至少要觀察三年或五年的報酬率，才能了解這檔ETF長期的表現。也要比較管理費，因為同樣的服務，有些ETF的收費卻遠高於其他ETF。還要看看ETF投資的標的。在ETF的說明網頁，你可以看看這檔ETF的持股明細，就能了解ETF投資些什麼。舉個例子，我剛才列出的那幾檔ETF的前幾大持股，應該會很類似，但你觀察幾檔利基型ETF，就會發現前幾大持股並不相同。

我認為在投資以前，一定要先閱讀ETF的簡介與產品說明書。所有重要資訊與投資風險說明，都可以在產品說明書找到。要是看不懂，那就打電話給ETF管理公司詢問。你要問的問題，以前一定有人問過，所以他們應該能把重要的資訊，細細說明給你聽。你也可以請合格的理財顧問檢視你的財務，幫你選擇最適合的投資工具。

## 道德投資

現在的人對於企業的要求比以前高，很多人不想投資不符合自己價值觀、道德觀的企業。每個人的看法不同，但很多人不想投資軍火、菸草、博弈這些備受爭議的產業的相關企業。想進行道德投資，以前唯一的辦法就是買進符合你的價值觀的企業的股票。現在則是可以投資依循某些原則的ETF。例如投資ESG（環境、社會和公司治理）的ETF，就不會買進某些企業。

不過還是要記住，別人不一定認同你的道德觀。你預先擬定的策略、篩選方法，以及投資流程可以依照你的道德觀，但也許還是會有需要妥協的時候。舉個例子，你的道德觀可能完全不允許你投資酒類公司，但要找到一個完全不投資你不認同的產業的ETF，恐怕很難。這一章提到的那幾家大型ETF管理公司，都推出他們自己的道德投資ETF。你可以上他們的網站，查閱這幾檔ETF的資料，了解他們篩選投資標的的原則。

## 第三步：做出你的第一項投資

你開設了經紀商帳戶，也知道自己想買什麼，就可以下單了。這樣就搞定啦！要買進，就必須知道股票或ETF的代號（例如迪士尼的代號是「NYSE:

DIS」），也要知道你想以每股多少錢買進，又想買進幾股。上 Google 搜尋，或是上ETF管理公司的網站，就能找到你想投資的公司或ETF的代號。至於買進的價格，人人心中的標準不一，就連專家也沒有定論。理論上你有二種選擇：可以下市價單，以當下別人的賣價買進，也可以下限價單，就是股價必須低於你指定的價格，才會成交。你買進ETF也是一樣。一檔ETF會有自己的代號，就跟股票一樣，你也可以用買股票的經紀商帳戶，買進ETF。

你的經紀商接獲你的下單，就會傳送到市場，如果一切順利，就能與賣方撮合。你的經紀商會告訴你交易已成交，也會自動安排清算。務必要確認清算過程與時間，以免被收取額外的費用。你也要在與經紀商帳戶連結的銀行帳戶中，保留買進所需的現金，因為你其實是拿你的現金，換取企業的股份。

## 五澳元即可交易

我們討論了很多東西。如果你覺得難以消化，那就先休息一下。很多新手投資人，一開始喜歡用一款微型投資應用程式，不僅方便使用，而且只要五澳元，即可開始投資。只要上 Google 搜尋「澳洲微型投資應用程式」就能找到。你可以立即開始運用小額資金投資，逐漸累積信心。但還是要留意費用，有些小額交易的費用是很昂貴的。

這些步驟都完成了？你已經是正式的投資人啦！但在繼續討論之前，還有幾個重要的步驟要探討，你的第一筆投資才會不斷幫你累積財富。

## 第四步：理財自動化

我跟我的姐妹聊起她的第一筆投資。她對我說，她希望未來的投資交易都能自動化，就像她的 Netflix 訂閱，還有手機門號方案一樣。第四步要談的就是這個：盡可能自動化，從此投資與存錢都能自動完成，會是你理財路上的助力，而不是必須費心處理的麻煩。

盡量將作業自動化，就能省下時間處理人生的其他事情。我們討論過其他金融作業的自動化，但這裡要談的自動化，比較接近每次領到薪水，就自動轉帳一個金額，例如五百澳元，到另一個銀行帳戶，每一季再用這個帳戶裡的錢投資。有些經紀商能讓你自動投資股票或ＥＴＦ，所以可以多留意這些實用的工具。重點是利用科技節省時間，再用時間好好經營自己的人生。

✍現在要請你在這個禮拜，找出一項可以自動化的理財作業，無論是儲蓄、投資，甚至是處理報稅的書面作業。即使是小小的改變，久而久之對你的財務也會有重大影響。

## 第五步：管理你的投資組合

現在你已經正式開始投資，就要好好照料你的投資組合。管理投資組合比較無趣，卻需要經常處理，要打理的包括稅務、文書作業，以及重新配置與規畫投資部位。以下簡單介紹你要打理的項目。

身為投資人，一定要履行納稅的義務。每個國家的稅制都有不同的要求，所以要參考當地的稅務單位的規則，或是找會計師研究，確認沒有違規。該做的包括處理好文書作業以及管理，而且不只是在報稅期間。這些並不是投資中最有趣的作業，但記錄自己買了什麼、買進的時間，以及買進的價格，是打理投資的重要部分。做好這些，往後就能做出更睿智的投資決策，追蹤投資績效，還能提供正確的資料給稅務機關。

投資該注意的另一個地方，是有些公司會發放所謂的股利（在某些投資工具是稱為分配）。法令並沒有強制要求公司必須發放股利給股東，但有些公司還是會將獲利的一部分分配給股東。要留意你投資的公司或是ETF是否發放股利給投資人，如果有，也要留意是否準時發放。

一般來說，建立了投資組合之後，最好（至少）每年抽出時間管理。管理的意思是檢視投資組合、績效與策略，做出必要的調整。這些你自己也能做，但若是需要協助，理財顧問也能幫你檢視投資組合。理財顧問可以協助你完成重要的大事，例如選擇投資策略，以及達成長期目標（例如達成財富自由，我們在第十章會再詳談）。

## 現在要繼續過你的日子

好了，投資就是這麼一回事。我希望你看到這裡，能明白投資並不是某些人形容得這麼難。而且你知道該怎麼投資，就能終身受用。科技與市面上的投資產品一直在變，但投資的基本原則始終不變。別把投資搞得太複雜，也別讓投資成為你人生的全部！

我寧願在週末做其他一百萬件事情，也不要研究投資策略，但我剛開始投資的時候，絕對不是這樣。我在剛開始投資的那幾年，非常積極學習，一有機會就聊理財（這個話題在宴會上超好聊的），而且**一天到晚**都在看我的投資組合。那時的我有點走火入魔，但你不必跟我一樣。我先前說過，整天滿腦子想發財，絕對**不是**理財成功的必備條件。你需要的只是一點點努力，還有耐心。一定會成功的！

## 幫你抓重點

想累積財富，投資是你所握有的最佳工具之一。在投資的世界，一點點知識就能帶給你大大的優勢。最重要的是經常投資，投資方法要保持簡單（不必隨著別人的炒作起舞），而且現在就開始。你能投資的時間越長，就越有可能實現財富自由（我們在第十章會介紹）。你現在投資，以後就有更多機會買到快樂，也能做出更理想的理財決策。

- 只要打造長期、低成本、分散投資的投資組合，你的投資就不會是賭博。
- 別把股票當成螢幕上的數字，應該要當成真實的企業的一部分。而真實的企業有產品與服務，也有員工與顧客。
- ＥＴＦ是許多投資標的（例如股票）的組合，你透過經紀商帳戶即可買進，是很適合新手投資人的投資工具。
- 先開設幾個經紀商帳戶，試用看看，再選定一個你覺得好用的。
- 別忘了要長期照料你的投資組合，妥善處理稅務、重新配置，以及管理的作業。

## 第九章
# 不入虎穴，焉得虎子
## 承擔風險與犯錯

每天都要做一件你害怕的事

——愛蓮娜．羅斯福

我媽跟我說，這本書要是沒提到「風險」二個字，就不完整。我媽總是對的，這次也不例外。也許你覺得「風險」跟「快樂」不搭，但我認為這種想法不對。風險就是虧損的可能性，是我們不計一切代價想避開的東西。但我們在這一章後面會談到，想要花錢買快樂，就一定要承擔風險。

有一項針對二萬人的研究發現，「生活滿意度，以及承擔風險的整體意願之間，有一種強大的正關連。」想想你的人生到目前為止最美好的經驗與階段，再想想這些的由來。你可曾應徵過你不確定自己夠不夠格做的工作？可曾開口邀心儀的對象約會，但不確定對方會不會答應？你遇到影響自己或別人的問題，可曾勇於發聲？你可曾嘗試過自己有點害怕的活動？人生某些最快樂的片段，是我們恐懼、懷疑或擔憂的時候。

你在投資的路上會承擔風險，會犯錯又重新站起來，你對於投資的信心會成長，希望你的投資績效也會增長。在這一章，你要深入了解你眼中的風險是什麼。了解之後就能做出更理想的投資決策，因為你越清楚風險對投資的影響，還有對你的影響，就越能做出長期的投資決策。我們也要討論如何避免常見的投資錯誤，萬一不小心犯錯，又該如何重振旗鼓。

## 風險對你來說是什麼？

我在澳洲長大，從小常有人鼓勵我勇於冒險、跌倒，再繼續努力。我在十歲那年，懇求爸媽讓我上唱歌課。爸媽給我一項挑戰：在本地市集的才藝大賽獻唱，就能得到我夢寐以求的唱歌課。我要是沒那個膽量，他們就不掏錢付學費。我不得不說，爸媽有點像是在磨練我，但卻是有效的。我唱了電影《窈窕淑女》的配樂「美麗夢想」的無伴奏版本，雖然有點走音，爸媽還是信守承諾。

從此我就養成了逼迫自己走出舒適圈，也不怕犯錯的習慣，尤其不在意在公開場合犯錯。這種習慣在我開始投資的時候幫了大忙，因為我就這麼一頭栽進投資，不去擔憂會不會出錯。我先前也說過，萬事往往是起頭最難。是，我還要經過一段時間，才能擬定一個計畫，也才開始以長期心態思考，但我需要踏出那第一步，投資生涯才能開始。

我們的童年經歷，會影響我們的金錢觀（第三章討論過這個），童年時期承受風險與冒險的有益經驗，有助於發展恢復能力與自信，成年之後依然受用。此外，我們承受損失，就會了解行為能有正面的影響，也能有負面的影響。有些研究也證實，父母若是不願意冒險，子女大概也一樣。所以我們先談談你承擔風險的經驗，因為這會影響你開始投資、累積財富的方式。

想想你覺得哪些行為很危險，例如跳傘、公開演說、約會，或是獨自旅行。有些人認為做這些事很危險，有些人則是認為小事一樁。這一點確實值得好好想想。同樣一種行為，不同的人會因為自身經驗，以及對於這種行為的所知，而有種種不同的觀點。投資也是一樣。我們的許多觀點，都是來自媒體、家人的經驗，或是線上論壇的錯誤資訊。你可曾覺得投資很危險？如果你曾經這麼想，那再想想你為何這麼想：你們家的過往經驗、你自己的過往經驗、工作等等。你想得越深，就越了解自己的風險容忍度，也會越清楚風險容忍度對你的投資的影響。

## 管理投資風險

有時候我們因為害怕風險，所以不願踏出投資的第一步。誰都不喜歡虧損，但是完全不冒險，有可能累積財富嗎？有些人認為儲蓄帳戶、定期存款之類的產品風險較低。但我認為天底下所有的財務決策與金融產品，都有一些風險（至少有一些限制）。以定存為例。即使本錢不會減少（永遠要記得看產品說明的那些小字），但報酬率（存款利率）卻低於通膨率，那長期而言，你的錢的購買力其實是下降的。現在的五澳元，十年後買不到同樣多的東西。所以很多人明知道投資項目的價值難免會有下跌的時候，也還是堅持要投資。

## 天底下真的有「零風險」的投資工具嗎？

要特別小心所謂的「零風險」理財產品。要是有人對我說，投資這個一年的報酬率可達百分之十，而且零風險，我的大腦一定會警鈴大作，因為投資本來就有虧損的可能，誰也不能保證絕不會虧損。這是很多人在理財路上掉入的陷阱。要是有人向你保證會獲利，說你的本金不到一年就會翻倍，或是推薦保證會成為下一檔飆股的股票，你就該提高警覺。

我認為與其追求零風險的理財工具，不如盡力降低投資風險，追求平靜無波的人生。（要是因為投資，搞得自己膽戰心驚，那可快樂不起來！）我們現在就來看看幾種策略：別把短期內需動用的資金拿去投資、分散投資、做功課，以及了解自己能控制的是什麼。

## 別把短期內需動用的資金拿去投資

千萬不要把應急基金，或是短期內需要動用的錢拿去投資。這是因為你的投資部位在某一天、某個月或是某一年，可能因為你無法控制的原因（例如全球疫情）而下跌。股票與ＥＴＦ之類的投資，通常至少要放眼五至十年的長期。這些投資需要長時間慢慢成長。

投資人會虧損的原因之一，是一看到投資部位價值下跌，就嚇到慌忙賣出。倘若你在投資之前，就知道市場會有起伏，看見自己的投資部位下跌，就比較不會恐慌賣出，因為你知道這是必經之路。

## 分散投資很重要

「分散」是我經常思考、也在生活許多層面實踐的概念。我盡量多方發展收入來源、友誼、資訊來源、書籍、室內植栽，還有嗜好。不僅生活豐富多了（也快樂多了），萬一其中一項失敗，我也還有許多選擇。

分散投資也能降低風險。例如你的投資組合可以納入ETF、股票、現金以及債券。不過你可能也想研究其他投資工具，包括你的國家之外的產品，以及其他資產類別，例如新興市場、房地產，或是投資全球大型企業。

有不少資料與研究，都能告訴你如何依據你的風險忍受度、年齡等條件，打造適合你的投資組合。但打造投資組合，終究還是要思考你想要什麼樣的人生，也要考慮你的種種獨特之處。要記得，你的朋友或是Google大神建議你做的事情，未必真正適合你以及你現在的情況。所以很多人會尋求個人化的理財建議。

## 自己做功課

身為投資人，必須搞清楚自己買進的東西。了解以後，即使新聞標題說市場在下跌，你也有信心做出投資決策。不妨運用第八章介紹的角度去研究，而且你看見網路上廣告的投資產品，除非你**至少**能向朋友說明，這個產品的作用，否則請千萬不要貿然投資。按照常理，投資風險越高，長期來說投資報酬也會越高。但是你若是不做功課就貿然投資不該投資的東西，那承擔再高的風險也沒用。

## 要盡力控制，也要知道哪些是你無法控制的

史丹利．麥克里斯托將軍在著作 *Risk: A User's Guide* 寫道：「所謂管理風險，就是積極控制你能控制的每一個因素。」身為投資人，想控制一切是不可能的，所以還是著重在控制你能控制的風險。

這些跟花錢買快樂有什麼關連？你越了解哪些風險是你能控制的，還有該怎麼控制，投資帶給你的壓力就越小。例如風險較低的投資工具能讓你較為放心。你的

投資方式，應該要能讓你睡得著覺。

也許你投資幾檔必須積極管理的股票，並不會開心，因為你必須花很多時間研究，也會因為市場的波動而緊張。於是你可能認為，不太需要管理的投資方式，比較符合你的個性，你的睡眠品質也會好很多。很少人會以自己快不快樂，作為打造投資組合的出發點，但我覺得應該往這個角度想想。我常常看見別人把投資策略弄得很複雜，結果除了給自己添麻煩，沒有任何好處。

## 培養信心，以承擔有益的風險

於是接下來要研究的問題是，承擔怎樣的投資風險才算有益，才不算冒進？這個問題很難回答。你所做的選擇，有時影響會很深遠。有時候你很快就想改變主意。

如果承擔風險，會影響我們的快樂，還有我們的財富自由之路（我們在第十章會詳談），那我們該怎麼做，才不會害怕自己決策錯誤？可以試試以下幾種方法。

## 盡量控制情況

該怎麼做，才能把情況控制得更好？身為投資新手的你，要學的新東西很多，很有可能會覺得招架不住。自己能控制的事情，都要盡量去做，例如研究ETF、每月挪出資金投資，以及固定小額投資。要記得，你做的每一件事情，都能提升你的投資信心。

## 事實是什麼？

我們許多的恐懼是來自感受，而不是事實。你要是開始投資，有可能發生的最糟糕狀況是什麼？這種狀況實際發生的機率有多高？要研究才會知道。你可以研究各種投資工具的過往績效，例如S&P／ASX 200指數，看看澳洲股市最近幾十年的表現。先鋒領航指數表也很好用，能看出長期投資的績效。多吸收事實與數字，就有信心踏出投資的第一步。

## 暴露治療

現在要仔細瞧瞧你的恐懼。你能不能一開始先小額投資，再慢慢「加重劑量」？

一開始小額投資較為安全，你對投資比較不會感到恐懼，也會願意繼續投資。有些人的小額投資，是用微型投資應用程式投資五澳元，有些人則是先用ASX Sharemarket Game之類的遊戲，進行虛擬投資。能有至親好友幫忙也是好事。有時候只要踏出第一步，後續的步驟都會較為輕鬆。

## 找專家討論

有時候我們需要別人幫忙，才能處理這些事情，所以才需要專業顧問或理財顧問。如果你因為恐懼，不敢做你想做的事（例如不敢投資），找專家談談一定會有幫助。

有時候人生最美好的片段，就發生在你剛踏出舒適圈的時候。所以現在要請你找出一樣你在金錢方面的恐懼，再寫下克服的步驟。

## 最大的風險：什麼也不做

有時候我們需要克服對投資的恐懼，是了解最大的風險，也許就是完全不開始投資。不投資，當然就不會直接面對虧損的風險，也不會犯錯，但你日後回顧過往，也許會後悔沒能好好打理自己的財務。我們在第八章說過，你投資的時間越長，複利所帶來的投資報酬就越大。只要想想你累積了一大筆財富，未來的幾十年的選擇會有多豐富，就會知道絕對要行動！

## 犯理財的錯誤

在討論犯錯該怎麼辦之前，先看看幾種最常見的理財錯誤。我在討論控制投資風險時，已經說過幾種可能會犯的錯誤，例如將短期需動用的資金拿去投資、忘記分散投資，以及不做功課。以下是你可以避免的其他幾種錯誤。

### 受到恐懼、貪婪等情緒左右而投資

我們常犯的錯誤，是被貪婪、恐懼等強烈情緒左右，而做出投資決策。這類情緒會妨礙我們以常理判斷，害得我們誤入歧途。累積財富並不是一蹴可及，很多人錯在不該追逐短期報酬。做該做的功課，寫下你認為該投資的理由，就能避免這種錯誤。

## 太頻繁檢視投資績效

你開設了經紀商帳戶，很有可能會每天都想看看投資績效（甚至更頻繁），但這樣做也有可能犯錯。即使你打算長期投資，看到自己投資部位的價值時漲時跌，說好聽是會緊張，說難聽是可能一時衝動失去理智，就做出錯誤決策。如果你也有這個問題，那就把手機上的經紀商應用程式刪掉、取消訂閱財經新聞，時時想想自己投資的初衷。

## 太早放棄

我們在這本書討論過的長期投資，是你願意放長期才能奏效。你一發現投資出了問題，就會很想改變策略，但要記住，股市的起伏是必然會有的正常現象。不要依據短期的績效，判斷投資的好壞。要把眼光放長遠，以長期績效為重。要是覺得沒把握，那就想想哪些是自己能控制的（例如投資的金額），哪些又是自己無法左右的（例如經濟局勢）。

## 萬一犯錯怎麼辦？

好，你犯了錯，然後呢？已故的NBA球星柯比・布萊恩曾說，犯錯本身不是壞事，沒能從中學到東西，沒能成長，才是壞事。有時你承受風險，結果卻並不理想，這就是風險之所以是風險的原因。能接受錯誤，從中學習，是投資人必須練就的本事。即使是專家，也會有理財失策的時候。但我想強調，即使是犯錯，也應該重振旗鼓，再試一次。

想想金融產品說明書與播客一開頭，那響亮的免責聲明：**過往績效並非未來績效的保證**。很多時候確實是如此，你犯的錯誤更是如此。你從錯誤學到教訓，往後就不會犯類似的錯誤。例如我在剛開始投資的時候，在網路上找到幾家公司，什麼功課也沒做，就買進他們的股票。雖然結果是賠錢，但也學到重要的教訓：一定要自己做功課，要擬定簡單的投資策略，嚴格遵守，而且不要投資自己不懂的東西。

接下來要介紹幾種從錯誤中學習，繼續往前走的方法。我們舉一個常見（也很能引起共鳴）的例子，就是投資澳洲股票型ETF，結果一個月後眼看價格下跌，就倉皇賣出。首先，要抽離情緒。我們很容易老是想著自己犯的錯誤，所以要盡量什麼也不想，給自己的大腦一些空間。等到做好重新檢視的準備，再花點時間回想犯錯的原因，寫下自己的心得。例如，你可能還沒做好準備就貿然投資，並未完全了解市場運作的方式，或是看到投資部位價值下跌就慌忙賣出。現在要將這些心得化為警惕。下次遇到類似的情況，該怎麼做才會有不同的結果？也許你思考過後會發現，你需要多花一點時間了解什麼是投資，也要慢慢適應市場的起伏。也許你會覺得，你對於投資太過情緒化，需要理財顧問之類的專業人士協助，依據你的目標擬定計畫。最後，你反省了錯誤，也做好未來的規畫，就要確實執行，繼續往前走。不要因為區區一個錯誤，就告別自己的理財目標。

要記住，你對於未來的理財之路，能控制的其實比你自己想像得還要多。你從過往的理財錯誤汲取教訓，就更能累積財富，買到快樂。

## 幫你抓重點

承擔風險是人生的重要課題，身為投資人也必須適應風險。在這一章，我們討論了如何管理投資風險，為日後的成功鋪路，要勇於踏出投資的第一步，也要避開常見的投資錯誤。在下一章，我們要總結在這本書學到的東西，開始運用投資技巧，實現長期的財富自由。

- 務必了解自己的風險容忍度，才能做出更理想的投資決策。
- 所有的投資都有風險（就是投資部位價值有可能下跌），但還是可以控制風險，例如分散投資，以及不要將短期需用的錢拿去投資。
- 很多投資新手遲遲不敢開始投資，但只要做功課、逐漸累積信心、與專家討論，就能克服恐懼。
- 犯錯是投資的必經過程，連專家都會犯錯。最重要的是知道自己犯了錯，從中學習，重振旗鼓。

# 第十章
# 展望未來
## 實現財富自由

我媽常說，財富自由的女人，有能力按照自己的意思過生活。我覺得這是我這輩子聽到最實用的建議。無論你的人生處在哪個階段、跟誰結婚，都要做到財富自由，哪怕你不需要動用這樣的財力也一樣。

——印度知名演員琵豔卡．喬普拉

我們在這本書已經談了很多，接下來還要談什麼？在這一章，我想談談財富自由的感覺，以及財富自由對你來說又是什麼。我們要研究一些數字，開始擬定計畫。不過你看了這一章就會發現，並不是一定要擁有巨額金錢，才叫做財富自由。財富自由可以是穩固的經濟基礎，讓自己擁有更多選擇，按照自己的心意做出人生的決策。畢竟你越能主導自己的時間，就越快樂。我覺得你努力達成財富自由的同時，若也能對於自己擁有的一切感到滿足，你就一定能買到快樂。

## 什麼是財富自由？

財富自由在你眼裡可能是一個數字，但與其說是一種目標，不如說是一種感受。實現財富自由，並不代表已經達成所有目標，而是買到快樂的步驟之一。財富自由可以是擁有一筆充足的應急資金、每個月收支可以打平，以及有個實現理財目標的計畫。我存了一筆應急資金，也很清楚每個月的收支，所以現在的我感覺自己財富自由。

湯雅．海斯特在《不被工作綁住的防彈理財計畫》提到，「創造一個屬於自己，獨一無二的人生的極致快樂。」她在邁向財富自由的路上，就體會過這種快樂。她為自己設定的目標「與收入、地位、成就無關。」哈佛大學心理學家羅伯特．沃丁格認為，設定這樣的目標是正確的。他說，我們認為（社會也對我們說）「名望、財富，以及成就的象徵」能帶來快樂，因為「這些是可量化的」。但他長期研究人類的快樂，卻得到相反的結論。

這就是我們面臨的難題。快樂除了有錢之外，還包含太多太多，但有錢確實可以解決很多問題，人生也會多出許多選擇。我們把時間用於經營關係，長遠而言會更快樂。

我自己有個很大的財富自由目標。我希望我的投資組合有朝一日，能增值到足以負擔我的基本生活所需（別擔心，我們馬上會講到數字）。這是我的長期理財目標，我知道並不是一蹴可及。這個目標最吸引我的地方，是我覺得財富自由以後，就能自給自足，人生掌握在自己手裡。財富自由並不見得是再也不工作（不過我有朝一日也許會不工作），而是可以按照自己的意願選擇，按照自己的心意生活，還能回饋社會。要達成財富自由，就要了解你認為擁有多少算是「足夠」，再擬定能實現財富自由的理財計畫。

## 何必這麼麻煩？

那努力實現財富自由，究竟是**什麼**意思呢？努力實現財富自由的精髓，是減少消費、增加儲蓄比例、將其餘資金用於投資、享受當下，以及擁有足夠的財力與彈性，能自行選擇要不要工作、如何工作，以及何時工作。細節完全由你決定，這就是有意思的地方。

每個人追求財富自由的原因不一樣。有些人積極追求財富自由，是希望人生能有更多自由與選擇。有些人則是希望能減少工作量，有更多時間照顧家人。以下是幾種常見的追求財富自由的理由：

- 想主導自己的時間
- 能有勇氣離開有害身心、耗盡心力的工作
- 有更多時間照顧家人
- 能將大部分的時間用於照顧家人
- 能將所有時間用於做自己真心想做的事
- 在非營利組織擔任志工或工作
- 家人生活無虞
- 環遊世界
- 創業或自營工作
- 能有更多心力追求健康

你看了這些可有共鳴？想想你在這本書完成的活動：籌畫你理想的一天、寫下你喜歡做的事、設定目標。了解自己的「為什麼」，擬出的計畫就能符合你的價值觀，你也能明白自己努力的目標。每個人心目中的財富自由並不相同。有些人的財富自由，可能只是擁有充足的應急基金。有些人則是認為要有足夠的錢，再也不需要工作，才算財富自由。

你心目中的財富自由是什麼？你會因為什麼原因，願意追求財富自由？思考這些問題，即使過程越來越艱難，你也會繼續往前走。我願意追求財富自由，因為我希望能主宰自己的時間，更具體地說，我希望我在何時何地與何人相處，都由我自己掌控。我希望大家想想，金錢在自己的人生能發揮什麼作用，也要知道自己為何要投資，為何要累積財富。

## 我需要多少錢？

在這本書，我選擇的是最多人討論的財富自由的定義，也就是投資獲利足以應付生活所需。這並不是要駁斥我在這一章說過的話，而是要說明一個很多人都有的目標的數字與邏輯。先前說過，並不是每個人都想要或都能實現這種財富自由。不過你從這種財富自由，可以歸納出一些原則，有助於實現你自己的目標。我們其實就是把在第八章談到的投資，轉化成可行的長期目標。你希望投資組合有一千澳元，還是一百萬澳元都一樣，重點是要有計畫，知道該定期投資哪些東西才能達成目標，要決定現在該花費多少錢，又該儲蓄多少錢，而且在理財的路上要保持紀律。

追求傳統的財富自由的人，最普遍的目標，是將相當於每年生活支出的二十五倍的資金，用於分散投資，再以每年百分之四的安全提領率提領，就能永遠以投資所得維生。這個百分之四的數字，是由三一大學的研究所提出，一般稱為安全提領率（SWR，請注意安全提領率會隨著國家，以及你投資的資產類別而定）。這種建議並不完美，先鋒領航也表示，這種作法「原本是為了退休期間為三十年的投資人設計」，不見得適合較早退休，或退休期間長達五十多年的人。

我們細細分析。你的投資組合若是價值一百萬澳元，而安全提領率是百分之四，那你每年可以從投資組合提領四萬澳元過日子。如果你希望退休後，每年有十萬澳元可用，那你的投資組合必須要達到大約二百五十萬澳元的規模，才能實現

（二百五十萬澳元的百分之四，就是十萬澳元）。不妨看看各種安全提領率研究，計算你每年的生活支出是多少。你必須算出每年需要多少錢，才能擁有舒適的生活（如果要旅遊，或是有子女，也別忘了將相關花費計算在內）。想靠投資生活，你的錢必須要有強大的賺錢能力，要用來投資會成長的資產（例如股票、ETF）。

如果我一年只需要四萬澳元，日子就能過得很舒適，那我大概累積到一百萬澳元左右，就算達到財富自由。我需要一個能累積一百萬澳元的計畫。在這個情況，我每月投資二千澳元，大概需要二十年，才能累積一百萬澳元（假設接下來的二十年，每年平均投資報酬率為百分之七，未計入費用與稅金）。我由衷建議你拿出複利計算機，算算看每年要存多少錢，又必須投資多少錢，才能實現財富自由。

## 財富自由與長期心態

如果你想實現很大的投資目標，那就一定要養成長期心態。有了長期心態，你就不會訂出一蹴可及的目標。你一開始可能很難接受這種想法，覺得十年、二十年甚至三十年簡直是下輩子的事。有一種解決的辦法，是在過程中設置小目標，把整個過程變成一種樂趣。比方說投資組合累積到第一筆一千澳元、一萬澳元、十萬澳元，就要慶祝自己的成績。要堅持下去不見得容易，有時候會超想放棄，就砸大錢買奢侈品。但如果能想起自己的「為什麼」，想起自己努力的目標，就能繼續堅持。

要記住，每個人心目中的財富自由都不一樣，我的大目標與小目標，跟你的不見得一樣。你的跟你朋友的，也不見得一樣。你朋友的又跟你同事的不一樣，以此類推。我自己的目標，是希望我的投資組合產生的收益與資本增值（如有必要，賣出少量的投資部位），足以應付我的生活所需。這是我長期的大目標，但我在理財路上，也會設置一些小目標，例如買房地產、微退休，以及旅遊。

你可以想想哪些是可行的，適合你的生活與目標的作法，下列是一些常見的實現財富自由的大小目標，不妨參考：

- 寫下你所有的資產與負債，了解你當前的財務狀況。
- 每個月積極償債，盡快還清債務。
- 準備一筆足以應付三至六個月開銷的應急基金，以備不時之需（這是財富自由的路上，絕不可忽略的步驟）。

- 重新訂出生活預算，減少開銷，挪出更多收入，放進儲蓄與投資帳戶。
- 依據你的價值觀，減少開銷，審慎花錢，包括把錢花在能節省時間、能讓自己更快樂的事物上。
- 兼差、加班或是增強自己的技能，賺取更多收入，就能投入更多錢經營你的目標。
- 可以透過微型投資平台，投資此生的第一筆五澳元，逐漸累積投資的信心。
- 「找樂子的錢」：你的儲蓄帳戶與投資組合已經累積了足夠的資金，足以讓你暫時離開全職工作（例如十二個月）去創業、旅遊，或是創作。
- 「兼職」：你已經投資了夠多資金，不必再全職工作，可以只做兼職，或是創業。你可以運用投資的收益，如有必要也可賣出少量的投資部位，以彌補減少的收入。
- 「財富自由」和以後的事：你的投資組合已經發展到你往後可以只靠投資，就可以按照自己的想法過日子，不必工作。你可以自由選擇何時、何地、如何工作。

由此可見，財富自由並不只是最終的目標。你能在過程中找到樂趣，慰勞達成小目標的自己，就能在這一路上走得更長遠。你規畫理財之路，繼續前行的過程中，也要記得無論是追求財富自由，還是打造理想生活，都沒有所謂的「正確方法」。每個人都跟你一樣，是依照自己的價值觀、優先次序，以及人生經歷隨機應變。

✍我們開始談擬定計畫之前，先想想你在財富自由的路上，還能設定哪些小目標，就能時時檢查進度，慶賀自己的成績。

## 你願意怎麼努力？

如果你已經決心要追求財富自由，那要考慮的重點，是你必須願意過著與其他人不同的生活，才能依照自己的計畫與時間表，實現你的目標。畢竟你總不可能憑空變出一百萬澳元。

每個人的財富自由之路都不一樣，但大多數人為了達成目標，必須有所改變。是怎樣的改變？以下是一些構想：

- 養成堅實的理財習慣，要有一套有紀律的制度，收入一定要大於支出，也要知道自己的錢流向何處。

- 要把較多的錢留給投資（未來的你），較少的錢留給現在的你。
- 少買昂貴的東西（例如高價新車）。
- 兼差或經營副業，就有更多錢可以投資。
- 投資自己，久而久之收入就會增加。
- 學習廚藝，減少叫外賣與外食（除非你喜歡）。
- 多多購買二手產品（不要買新產品），擺脫消費主義心態。
- 以較為平價的方式，與親朋好友聚會（晚宴、野宴、露營、健行、本地旅遊等等）。
- 移居到生活開銷較低的地方，以節省住房與公用事業支出。

✍想想你的生活哪些地方需要改變，才能實現財富自由。往往要做出重大的改變，才能實現遠大的目標。想想怎樣才能更聰明消費。

梅莉莎・布朗在著作 *Unf*ck Your Finances* 寫道：「為了你的目標，你願意犧牲什麼？」總要付出代價。你想擁有的東西，不可能同時全都擁有，想做的事情，也不可能同時都能做。離開既有的道路，追求財富自由，需要的不只是熱情，還有堅持，所以一定要了解自己為何這麼做。說穿了就是要知道你的「為什麼」。你把財富自由當成首要目標，那你為了達成目標而做出的改變，就不像是天大的犧牲。

## 你自己的投資計畫

現在要彙整你對自己的了解、對你目標的了解，以及對你財務的了解，擬定一個計畫。你會漸漸增強自信，整合你目前學到的東西，也了解還需要知道哪些。投資計畫要盡量簡單，而且要記得，只要適合你就好。

✍投資分析師歐文．雷斯克幫我整理出下列問題，是擬定投資計畫時應該思考的。現在要請你拿一張紙，或是開啟 Google 文件，寫下你對於下列問題的回答。你現在可能無法每個問題都回答，可以等到你更了解投資之後，再回來回答剩餘的問題。buyinghappiness.com.au 網站上有個範本可參考。

## 問題一：你的長期理財目標是什麼？

例如你希望投資組合能累積一百萬澳元，或是投資收益能支援生活開銷，一週只需工作四天。如果需要指點，可以回頭看看第二章關於設定目標的討論。利用這次機會，想想你在整個過程中，還想完成哪些小目標。

## 問題二：要怎麼達成目標？

使用複利計算機，倒推回去計算，就能算出每個月需要投資多少錢，需要投資多久（需要投資多少年，才能達成目標）。也能知道你的目標會不會太難達成，需要有所調整。例如我的目標如果是五年投資十萬澳元，但以我現在的收入，每年只能投資五千澳元，那我就該降低目標、拉長投資時間，或是增加收入，才有更多錢能投資。

## 問題三：要投資什麼？

列出你要使用的所有投資工具（例如ＥＴＦ、房地產、現金等等）。再想想你的風險容忍度，寫下哪些資金會用於配置成長型工具（例如股票），哪些資金會用於配置防禦型工具（例如現金）。如果你打算投資股票，最好定下一些保護自己的規則，例如定下投資任何一項投資工具的金額上限（例如投資任何一檔股票的金額，不得超過投資組合的百分之五）。

**問題四：按照常理，你的期待是否不切實際？**

要記住，過往績效並非未來績效的保證，但確實能指出合理的績效範圍。看看先鋒領航指數表，還有你在考慮的投資工具的長期績效，就能以常理判斷你的期待是否不切實際。

**問題五：你有可能因為哪些重大風險，而無法達成目標？**

這有點像是「死前驗屍」。寫下你可能無法達成目標的每一個原因，想辦法一一解決，也要知道有些東西（例如經濟環境）是自己無力控制的。我們在第四章討論過，大腦有時會耍弄我們。現在要想想該如何解決那些行為偏誤，才不會受到影響。

## 問題六：你長期而言要如何努力實現目標？

最後，回到第二個問題，一定要想清楚哪些事情必須時常做，才能達成目標。多了解自己的財務狀況，是這個階段的重點。每個月都要檢視自己的財務，確定自己該做的事沒有少做。也要想想如何判斷投資組合的績效（例如與標準普爾五百指數比較）、時時做好財務的管理作業，也將稅務打理好。

## 你的計畫

這些問題需要時間才能回答，但你寫下的答案，會形成你的計畫。我就用了好幾年的時間，調整我自己的投資方法，而且我有時候也沒照著計畫做。儘管如此，把自己的計畫完完整整寫出來，是個不錯的開始，你在投資的路上也會更有信心。而且等到你了解更多，也可以回過頭來修改這份計畫，在投資部位有所波動的時候，也可以再拿出來參考。還能用來記錄你的投資旅程。我建議在你更了解自己、更了解你的財務狀況，也更了解投資是怎麼一回事之後，可以隨時回過頭來精進你的計畫。你的計畫並不需要百分之百完美。一開始可以很簡單，再隨著經驗的累積慢慢提升。

要繼續前行，不要停下腳步。我在這本書的最後列出許多參考資料，伴你繼續學習。最後，如果你不太知道現在該怎麼做，要知道隨時都可以找理財顧問討論。我給出的任何建議，都無法取代專業人士依照你的情況，提出的建議。

## 現在就開始打造你喜歡的生活

並不是一定要等到達成理財目標，才能開始過你理想的生活。現在就該開始打造你熱愛的生活。所謂打造熱愛的生活，並不見得是辭掉正職，開始背包旅行。而是按照計畫運用時間與金錢，為自己的生活增添樂趣，而且千萬不要打造一個你拚命想逃離的生活。你在努力追求財富自由的路上，也別忽略了家人、朋友、嗜好，還有你個人的目標。是，你處理財務與人生的方式也許有所不同，但不該犧牲人生最美好的部分。

一定要找到可以持續下去的平衡，以善加利用當前的時間，因為你不會知道下一刻會發生什麼事。我向來最喜歡的人，美國歌手桃莉・巴頓說得好：「別只顧著討生活，忘了開創人生。」要想想有哪些方式可以實現理財目標，不會讓生活被理財占據，自己也能在過程中找到樂趣。可以考慮下面的例子：

- 每隔幾年微退休
- 到國外旅遊、工作
- 從全職改為兼職工作、臨時工作，或是接案工作
- 接受降薪，以便在離家更近的地方工作，不必把工作帶回家
- 開始做副業，不要太在意在公司的升遷

我也建議大家看看薇琪・魯賓的經典《跟錢好好相處》。她在這本書提出的見解非常精闢，包括我們在日常生活的取捨，以及從我們與家人、社會，以及世界的連結所得到的快樂與成就感，可以看出我們與金錢的關係。她說：「你唯一擁有的真實資產，是你的時間，是你人生的每一刻。」這話告訴我們，任何事情都該有個平衡，尤其是我們若覺得，自己花了太多時間追逐目標。

## 花錢要有計畫、有意義

花錢也要講究平衡。練就累積財富的本事，只能說成功了一半，另一半是要知

道怎樣花錢才有意義。我先前說過，你更了解投資，了解複利的威力之後，會遇到一個很有意思的難題，是要判斷現在要花費多少，又要儲蓄、投資多少，才能達到理財目標，要在開銷與儲蓄、投資之間找到平衡。例如是要在今年花五千澳元度假，還是把這筆錢拿去投資，因為你知道僅僅十年後，這筆錢就會將近翻倍。

好消息是，你可以二者兼顧！你可以：

- 享受當下，同時兼顧未來的你
- 投資股票以及房地產
- 投資退休基金，也投資其他的東西
- 專注工作，但也要度假

這跟你原先想像的可能稍微不一樣，因為你不見得能一下子全都做到。行為金融專家丹尼爾·克羅斯比博士對我說，大家面臨的最大難題，是要不斷在享受現在和穩固未來之間做出取捨，也因此會引發人與人之間的種種摩擦。所以一定要了解你的優先次序。

在通往財富自由的路上，在花錢與存錢（以及投資）之間達到平衡的方法之一，是更了解你**為何**花錢，買東西又能得到什麼樣的價值。並不是說再也不能花錢，才能擁有財富自由。你會因為許多因素而花錢，這也無所謂！花錢也是你理財生活的重頭戲。這種方法只會讓你做出更好的選擇，妥善思考花錢、存錢與投資之間的取捨。

這對每個人來說都不一樣。我在這本書的附錄，列出我的群體好友因為買東西，而得到價值與快樂的經歷。花錢買快樂是需要摸索的，所以要花點時間探索你與金錢的關係，研究現在花錢，還有留到以後再花的感覺。你大概已經知道，要達到平衡並不容易（也會隨著人生不同階段而改變），不過只要完全清楚自己的目標，知道自己打算如何實現財富自由，那就簡單多了。例如假設你的目標是今年投資一萬澳元，而你也做到了，與朋友一起度假，可以累積有意義的經驗（讓人生更快樂），增進你與朋友的關係（這是你快樂的重要泉源），往後還有美好的回憶（這是更大的好處），你又何必猶豫？

## 幫你抓重點

錢可以用來買時間、快樂，以及選擇，累積財富的時間久了，確實有可能達到財富自由。問題在於要先了解，你心目中的財富自由是什麼。所以要花時間，好好思考你的目標有哪些，人生如何能有更多選擇，現在又該怎麼做，才能打造你喜歡、往後也能感到自豪的生活。你可以運用這本書給你的工具，展開你的財富自由旅程，現在就開始做出聰明的理財決策。

- 達成財富自由，說穿了就是減少消費、增加儲蓄率、將其餘的資金用於投資、享受當下，以及有足夠的財富與彈性，能自由選擇要不要工作、如何工作，以及何時工作。
- 追求財富自由的人，通常要的是累積每年生活開銷的二十五倍的資金，分散投資，每年安全提領率為百分之四（可以永遠靠投資過日子）。
- 要依據你的目標擬定理財計畫，而不是套用千篇一律的模板。要保留一些彈性，才有時間做你重視的事，例如照顧子女、休假，或是創業。

• 你在追求財富自由的路上也會花錢，那也無所謂！只是注意要按照計畫買東西，而且消費應該要讓現在的你更快樂，以後的你感到自豪。

# 結論

我在這本書討論了很多，從打下理財基礎，到擬定專屬你自己的財富自由計畫。在做出結論之前，我想談談我們在前面十章談到的最重要的理財之道，也是我希望你能吸收、在生活中運用，與其他人分享的重要觀念。

- **開銷要低於收入**。這是老生常談的個人理財鐵律，也會深深影響你的整個人生。你越早打理財務，流入你銀行帳戶的錢大於流出，就會越容易。
- **永遠要準備一張免費出獄卡**。如果有能力，最好還是要有一筆閒錢在手。無論是旅行的備用現金，還是足夠的應急基金，總之要為不時之需做好準備。
- **要讓金錢為你效力**。錢是你辛苦賺來的，所以要讓你的錢為你效力。可以買股票、買房地產，或是其他類型的投資，讓錢滾錢。
- **花錢要有計畫**。我們先前說過，等到你知道買哪些東西會讓自己快樂，錢就能帶給你很多快樂。在人生的不同階段，能讓你快樂的東西會改變，所以要養成每年重新評估的習慣。

- **要談理財**。談理財是很重要的，而且談理財的效應會不斷外擴。要打破談錢的禁忌，主動與親朋好友談理財。

## 那快樂呢？

你看了這麼多，可能還在懷疑，我們討論的這些究竟值不值得做，整理財務、規畫預算，還有投資第一筆五澳元，真的能改變自己的人生嗎？你甚至可能覺得，永遠不會有足夠的時間、金錢、資源或是知識，徹底改善你的理財之路。這種心情我懂。我們在這本書談了很多，說花錢能買到快樂，感覺很空泛，也很難量化。不過研究證實，下列的描述符合很多人的情形：

- 確實有花錢買快樂的方法。
- 你的人際關係越好，人生就越美好。
- 你越大方付出時間，越覺得時間很充足。

- 你越願意冒險，人生就越快樂。
- 捐錢給別人，自己會更快樂。

話雖如此，這本書介紹的概念與策略，要想真正發揮作用，就必須付諸行動。這就代表你必須試試看。首先要朝著正確的方向，踏出小小幾步。

一群參與藍區快樂共識計畫的各國專家，列出提升快樂的十大策略。這本書提到其中好幾個策略，包括以親朋好友為優先、參與團體、為他人的快樂著想，以及朝著有意義的目標努力。清單上的策略也包括每天運動、在職場結交知心好友，還有選擇合適的另一半，這些我還沒做到。我想表達的重點是，除了時間與金錢之外，還有很多因素會影響你對人生的滿意度，所以要盡量了解哪些東西能讓你快樂，把這些東西納入你的人生。

要記住，你的個人理財是你自己的事。我們很容易犯一種毛病，就是拿自己花錢、存錢、投資的習慣，與其他人比較。但還是必須了解適合自己，也適合自己狀況的理財方式。專家按照你與你的目標，提供的專業建議也很實用。大多數人認同的東西，不見得一定適合你。不要盲目模仿別人。你的理財計畫應該要適合你的生活。

## 一點一滴所累積的力量

你已經看完這本書，希望你能下定決心好好實踐。我並不是要你在二十四小時內徹底改變人生，而是要完成必須完成的小目標。幾年前，我的寫作課老師建議我們設下小得簡直好笑的寫作目標，例如每天起床後寫作五分鐘。光憑每天大爆發寫作五分鐘，並不能寫出一本小說。這樣做的目的，是讓我養成每天為自己奮鬥的習慣。五分鐘會發展成二十分鐘、一小時，越來越長。

這種精神也能套用在理財。思考一下這個問題：你要是連小目標都無法達成，那你憑什麼認為自己能完成大目標？要養成紀律，再難也要持之以恒。

我們往往定下遠大的目標，卻沒有建立一個能持久努力的框架（這個我自己也在努力）。我希望你能做到。想想有哪一件你一直想做，卻仍未完成的事。想到了嗎？再想想你能做的最微小的舉動，能讓你更接近目標。以下是幾個例子：

- 想了解自己的消費？先從寫下你過去二十四小時的消費開始。

- 想開始存錢？先轉帳五澳元到你的儲蓄帳戶。
- 想開始投資？開一個微型投資帳戶，投資你的第一筆五澳元。

你會不會覺得這樣的行動微小得可笑？很好，那就代表你做得對。這個小小的行動，你能連續一個禮拜天天做嗎？把這個行動寫下來，放在你每天都能看見的顯眼位置（例如冰箱）。等到你練就持之以恒做小事的本事，追求較大的目標就容易得多，因為你已經向自己證明，你可以養成強而有力的習慣，改變你的理財之路的方向。你每天的小小選擇，久而久之會形成巨大的影響力。

## 現在就行動

現在該你行動了。如果你看完這本書，卻沒有任何計畫，那十年後的你回顧現在，大概會責怪自己沒有趁早起步。過去七年來，全球各地的專家給我的最好的建議，就是**現在**就開始。

要是什麼都沒改變，那什麼也不會改變，這話是老生常談，卻也是實話。有時候要改變很難，也會讓我們不自在，但現在的我們，必須開始為日後的財富播種。

無論是還清債務，或是投資第一塊錢，理財路上的關鍵是踏出第一步。一旦踏出第一步，就能開始試試這本書介紹的方法，以時間與金錢換取快樂。

人生終究是你自己的，但這並不代表你只能獨自前行。我們對於理財之類的棘手話題談得越多，就越會知道，我們只能沿路摸索。理財關係到生活的每個層面，無論我們喜不喜歡，這都是無可迴避的事實。所以要積極參與理財的討論，也可以主動發起。

刻意經營的人生，是一點一滴的努力累積而成，並不是一蹴可及。但能改變你的財務的方法，其實比你想像得還要多。不要讓任何人阻止你朝著正確的方向前行。相信你的直覺。一個東西要是讓你覺得美好到不真實，那大概就是有問題。想累積財富，打造你熱愛的生活，最好的辦法就是持之以恒，一點一滴努力。這樣做要長時間才會見效，但卻是務實的作法。

這本書的附錄提供一些例子，給你一些理財的靈感。首先是我整理出的，Australian Finance Podcast 的播客聽眾花錢買快樂的方式。我還發揮我的招牌凱特風格，也列出我最喜歡的書籍、網站，以及播客給你參考。建議你找出感興趣的主題，深入挖掘，多加研究。人生是很奇妙的，有時候會將你帶往意想不到的地方。

要記得，快樂並不是目的地，而是你眼前的這一刻，當前的這一刻。要好好把握，用心生活。

- 我多花一些錢，訂購外送的雜貨、蔬菜、水果。我是有三個子女要照顧的職業婦女，這樣做徹底改變了我的生活，節省了時間，也減少了壓力。
- 我送我女兒一個蹦床，當作她二歲的生日禮物。我們每個禮拜都玩上幾小時，玩得超開心。
- 投資牙套。我們家經濟能力有限，無法常常帶我們看牙醫。我長大以後，自己花錢做了牙套，把牙齒弄得更整齊，這是我買給自己最好的東西之一。
- 那當然是我新買的攝影機。我想多記錄一些生活的片段，想留下我身邊的人的影像，往後才能回憶那些小小的美好時光。

我又問他們，最近花錢買了哪些讓自己更快樂的體驗？下列是一部分的回答：

- 費蓮達山脈的露營之旅。從（澳洲）阿得雷德出發，花了五小時抵達。油錢花了不少，雖說預訂費不會很貴，但林林總總加起來，也是一筆開銷。去那裡露營是花了不少時間與金錢，但置身在大自然，真的快樂多了。
- 我的健身房會費！我在一家平價的健身房健身，預付了十二個月的會費，下定決心要常去。到健身房報到，常讓我覺得有成就感，因為要在工作與生活之間找到平衡，向來不容易。

- 一隻狗。我們因為經濟因素，一直沒有養狗，但後來還是擠出經費，因為我跟另一半一直都想養狗。
- 跟我女兒一起上初級陶藝課。我們一起度過很開心的美好時光，學到新技藝，還可以把在課堂上做好的陶碗拿回家，當作紀念。

我也問他們，他們買過讓自己最快樂，又是最便宜的東西或經驗是什麼？現在的生活開銷不斷上漲，很多人都在節省開銷，因此我也想請你思考有哪些方式，不必花大錢，快樂指數照樣能飆升。我的群體朋友是這麼說的：

- 在公園跟朋友相聚，各自的小朋友可以玩耍，我們也可以敘舊。
- 跟我在職場上的良師一起散步。散步不用花錢，但我們偶爾會喝杯咖啡。我很期待每二週一次的相聚。
- 買一份熱薯條！

- 看YouTube影片練音樂與瑜伽（完全不花錢）。
- 在大自然和海灘散步，有時候是自己一個人，有時候是跟我的另一半。散步是免費的，可以欣賞絕色美景，還可以享受新鮮空氣，看見形形色色的植物、昆蟲與動物。感覺思緒清晰了不少，還能欣賞澳洲美麗的自然環境。
- 我覺得把時間花在園藝上最有意義。我嫁接已經長成的植物，讓它長出小小的新植物，感覺就像我的投資策略。我要耐心等待它們繁衍，像投資的複利一樣。我知道一開始感覺不多，但我的家還有我的投資，久而久之都像熱帶森林一樣成長。
- 我熱愛旅行，最喜歡花少少的錢，換取優質的體驗。我也喜歡「微退休」，就是安排三至十二個月的假期，放慢腳步，重新與自己、家人、朋友連結，也給自己時間思考、學習、改變方向，繼續做最真的自己，也成為自己想成為的人。

由此可見，真的有許多獨特的方式，能以時間和金錢換取快樂。現在該把目光放在自己身上。運用你從這本書吸收的知識、從這些構想得到的靈感，還有你對於自己、對於什麼能讓你快樂的了解，開始嘗試的旅程。

你所做出的選擇，會大大提升你的快樂。你只要下定決心開始行動。這不見得容易，但絕對值得努力！想看更多構想，或是想分享你的構想，請前往buyinghappiness.com.au。

## 第四章

The Decision Lab, 'Why do we buy insurance? Loss-aversion, explained', *The Decision Lab*, n.d. <thedecisionlab.com/biases/loss-aversion>

SS Iyengar & MR Lepper, 'When choice is demotivating: Can one desire too much of a good thing?', *Journal of Personality and Social Psychology*, vol. 79, no. 6, pp. 995–1006, 2000. <doi.org/10.1037/0022-3514.79.6.995>

B Schwartz, *The Paradox of Choice: Why More Is Less*, HarperCollins Publishers, 2016.

R Sethi, 'How to live a rich life (+rules that will help you ACHIEVE it!)', *I Will Teach You To Be Rich*, 27 February 2023. <iwillteachyoutoberich.com/how-to-live-a-rich-life/>

H Stead & PA Bibby, 'Personality, fear of missing out and problematic internet use and their relationship to subjective well-being', *Computers in Human Behavior*, vol. 76, pp. 534–540, 2017. <doi.org/10.1016/j.chb.2017.08.016>

A Tandon, A Dhir, I Almugren, GN AlNemer & M Mäntymäki, 'Fear of missing out (FoMO) among social media users: a systematic literature review, synthesis and framework for future research', *Internet Research*, vol. 31, no. 3, pp. 782–821, 2021. <doi.org/10.1108/INTR-11-2019-0455>

## 第五章

American Psychological Association, '2022 Stress in America', *American Psychological Association*, October 2022. <apa.org/news/press/releases/stress/2022/october-2022-questions.pdf>

American Psychological Association, 'Happy couples: How to avoid money arguments: With practice, partners can learn to talk about finances in a healthier, more satisfying way', *American Psychological Association*, 2015. <apa.org/topics/money/conflict>

J Dew, S Britt & S Huston, 'Examining the relationship between financial issues and divorce', *Family Relations*, vol. 61, no. 4, pp. 615–628, 2012. <doi.org/10.1111/j.1741-3729.2012.00715.x>

JJ Gladstone, JM Jachimowicz, AE Greenberg & AD Galinsky, 'Financial shame spirals: How shame intensifies financial hardship', *Organizational Behavior and Human Decision Processes*, vol. 167, pp. 42–56, 2021. < doi.org/10.1016/j.obhdp.2021.06.002>

J Gottman & JS Gottman, *Eight Dates: Essential Conversations for a Lifetime of Love*, Workman Publishing, 2019

The Harris Poll, 'October 2022 topline data', *American Psychological Association*, October 2022. <apa.org/news/press/releases/stress/2022/october-2022-topline-data.pdf>

K Little, 'Survey: Lending cash to loved ones ends badly for nearly half of Americans', *Bankrate*, 26 September 2019. <bankrate.com/finance/credit-cards/lending-money-survey-2019>

S Pape, *The Barefoot Investor*, Wiley, 2016.

LM Vowels, KB Carnelley & RRR Francois-Walcott, 'Successful negotiation of goal conflict between romantic partners predicts better goal outcomes during COVID-19: A mixed methods study', *Journal of Social and Personal Relationships*, vol. 39, no. 2, pp. 155–178, 2022. <doi.org/10.1177/02654075211033341>

## 第六章

D Ballas & D Dorling, 'Measuring the impact of major life events upon happiness', *International Journal of Epidemiology*, vol. 36, no. 6, 2007. <doi.org/10.1093/ije/dym182>

O Burkeman, *Four Thousand Weeks: Time Management for Mortals*, Vintage, 2022.

K Campbell, 'How to: audit your life, make hard decisions & prioritise your own happiness', *Australian Finance Podcast*, Rask Media, 26 April 2023. <raskmedia.com.au/2023/04/26/audit-your-life-make-hard-decisions-prioritise-your-happiness/>

K Campbell & O Rask, 'Invest your time better with Nir Eyal', *Australian Finance Podcast*, Rask Media, 27 February 2022. <raskmedia.com.au/2022/02/28/time-vs-money-take-control-of-your-life-with-nir-eyal/>

N Eyal, *Indistractable: How to Control Your Attention and Choose Your Life*, Benbella Books, 2019.

C Guillebeau, *The Happiness of Pursuit: Find the Quest that will Bring Purpose to Your Life*, Macmillan.

Harvard Second Generation Study, *Welcome to the Harvard Study of Adult Development*, n.d. <adultdevelopmentstudy.org/>

H Hershfield, *Your Future Self: How to Make Tomorrow Better Today*, Piatkus, 2023.

HE Hershfield, DG Goldstein, WF Sharpe, J Fox, L Yeykelis, LL Carstensen & JN Bailenson, 'Increasing saving behavior through age-progressed renderings of the future self', *Journal of Marketing Research*, vol. 48, pp. S23–S37, 2011. < doi.org/10.1509/jmkr.48.SPL.S23>

R Larson, 'Is Feeling "in Control" Related to Happiness in Daily Life?', *Psychological Reports*, vol. 64, no. 3, 1989. <doi.org/10.2466/pr0.1989.64.3.775>

Merriam-Webster Dictionary, 'Affluence', *Merriam-Webster Dictionary*, n.d. <merriam-webster.com/dictionary/affluence>

W Mischel, EB Ebbesen & A Raskoff Zeiss, 'Cognitive and attentional mechanisms in delay of gratification', *Journal of Personality and Social Psychology*, vol. 21, no. 2, pp. 204–218, 1972. <doi.org/10.1037/h0032198>

C Mogilner, 'You'll feel less rushed if you give time away', *Harvard Business Review*, September 2012. <hbr.org/2012/09/youll-feel-less-rushed-if-you-give-time-away>

C Mogilner, Z Chance & MI Norton, 'Giving time gives you time', *Psychological Science*, vol. 23, no. 10, pp. 1233–1238, 2012. <doi.org/10.1177/0956797612442551>

C Newport, *Digital Minimalism*, Penguin, 2020.

GA Pignatiello, RJ Martin & RL Hickman, 'Decision fatigue: A conceptual analysis', *Journal of Health Psychology*, vol. 25, no. 1, pp. 123–135, 2020. <doi.org/10.1177/1359105318763510>

D Pink, *The Power of Regret: How Looking Backward Moves Us Forward*, A&U, 2022.

MEP Seligman, *Flourish: A Visionary New Understanding of Happiness and Well-being*, Atria, 7 February 2012.

D Sivers, *Hell Yeah or No: What's Worth Doing*, Sivers Inc, 2022.

J Sollisch, 'The cure for decision fatigue', *Wall Street Journal*, 10 June 2016. <wsj.com/articles/the-cure-for-decision-fatigue-1465596928>

Statista, 'Daily time spent on social networking by internet users worldwide from 2012 to 2023', *Statista*, 2023. <statista.com/statistics/433871/daily-social-media-usage-worldwide/>

B Ware, *The Top Five Regrets of the Dying*, Hay House, 2012.

A Whillans, 'Exchanging cents for seconds: The happiness benefits of choosing time over money' [thesis], *University of British Columbia*, 2017. <open.library.ubc.ca/collections/ubctheses/24/

## 第七章


S Allen, *The Science of Generosity*, Greater Good Science Centre, May 2028.

M Blanding, 'More proof that money can buy happiness (or a life with less stress)', *Harvard Business School Working Knowledge*, 25 January 2022. <hbswk.hbs.edu/item/more-proof-that-money-can-buy-happiness>

H Burns, 'How you can use anticipation to enjoy life more,' *The New York Times*, 31 May 2022. <nytimes.com/2022/05/31/well/mind/anticipation-happiness.html>

PA Caprariello & HT Reis, 'To do or to have, or to share? Valuing experiences over material possessions depends on the involvement of others', *Journal of Personality and Social Psychology*, vol. 104, no. 2, pp. 199–215, 2013. <doi.org/10.1037/a0030953>

E Diener & MEP Seligman, 'Very happy people', *Psychological Science*, vol. 13, no. 1, 81–84, 2002. <doi.org/10.1111/1467-9280.00415>

E Dunn & M Norton, 'How to Make Giving Feel Good', *Greater Good Magazine*, 18 June 2013. <greatergood.berkeley.edu/article/item/how_to_make_giving_feel_good>

EW Dunn, DT Gilbert & TD Wilson, 'If money doesn't make you happy, then you probably aren't spending it right', *Journal of Consumer Psychology*, vol. 21, no. 2, pp. 115 – 125, 2011. <doi.org/10.1016/j.jcps.2011.02.002>

L Entis, 'How to spend money to squeeze more joy out of life', Vox, 20 November 2019. <vox.com/the-highlight/2019/11/13/20951937/money-experiences-buy-happiness-happy-how-to-spend>

JM Jachimowicz, EL Frey, SC Matz, BF Jeronimus & AD Galinsky, 'The sharp spikes of poverty: Financial scarcity is related to higher levels of distress intensity in daily life', *Social Psychological and Personality Science*, vol. 13, no. 8, pp. 1187–1198, 2022. <doi.org/10.1177/19485506211060115>

A Kumar, MA Killingsworth & T Gilovich, 'Waiting for merlot: Anticipatory consumption of experiential and material purchases', *Psychological Science*, vol. 25, no. 10, pp. 1924–1931, 2014. <doi.org/10.1177/0956797614546556>

The Life You Can Save, 'What we do', *The Life You Can Save*, n.d. <thelifeyoucansave.org>

A Mogensen, 'Giving without sacrifice? The relationship between income, happiness, and giving' [manuscript], n.d. <assets.ctfassets.net/dhpcfh1bs3p6/3jqEdXNDmg8SGAeOeC8KYo/63f9caa4de752b15c84455dc9025d537/giving-without-sacrifice.pdf>

SS Monfort, HE Stroup & CE Waugh, 'The impact of anticipating positive events on responses to stress', *Journal of Experimental Social Psychology*, vol. 58, pp. 11–22, 2015. <doi.org/10.1016/j.jesp.2014.12.003>

M Norton, 'How to buy happiness', *TED*, 25 April 2012. <ted.com/talks/michael_norton_how_to_buy_happiness>

B Perkins, *Die With Zero: Getting All You Can from Your Money and Your Life*, HarperCollins Publishers, 2021.

Psychology Today, 'Hedonic treadmill', *Psychology Today*, n.d. <psychologytoday.com/us/basics/hedonic-treadmill>


## 第八章


Australian Institute of Health and Welfare, 'Gambling in Australia', *Australian Institute of Health and Welfare*, 16 September 2021. <aihw.gov.au/reports/australias-welfare/gambling>

Australian Gambling Research Centre, *Gambling participation, experience of harm and community views: An overview*, Australian

Institute of Family Studies, March 2023. <aifs.gov.au/sites/default/files/2023-03/2302-overview_gambling-participation-harm-views.pdf>

moneysmart, 'Compound interest calculator', *moneysmart*, n.d. <https://moneysmart.gov.au/budgeting/compound-interest-calculator>

SD Simpson, 'A Brief History of Exchange-Traded Funds', *Investopedia*, 31 January 2022. <investopedia.com/articles/exchangetradedfunds/12/brief-history-exchange-traded-funds.asp>

Statista, 'Number of exchange traded funds (ETFs) worldwide from 2003 to 2022', *Statista*, 2023. <statista.com/statistics/278249/global-number-of-etfs/#:~:text=There%20were%208%2C754%20ETFs%20globally,almost%2010%20trillion%20U.S.%20dollars>

## 第九章

AC Brooks, 'The magic of a little danger: To get happier, be brave, not reckless', *The Atlantic*, 7 July 2022. <theatlantic.com/family/archive/2022/07/how-to-take-smart-risks/661487/>

ASX, 'Sharemarket game', *ASX*, n.d. <asx.com.au/investors/investment-tools-and-resources/sharemarket-game>

T Dohmen, A Falk, D Huffman, U Sunde, J Schupp & GG Wagner, 'Individual risk attitudes: New evidence from a large, representative, experimentally-validated survey', *IZA discussion papers*, no. 1730, September 2005. <docs.iza.org/dp1730.pdf>

C Guven, 'Reversing the question. Does happiness affect individual economic behavior? Evidence from surveys from the Netherlands and Germany' [job market paper], *University of Houston*, 2007. <uh.edu/~cguven/papers/CAHITGUVEN_JOBMARKETPAPER.pdf>

S Hareli, S Elkabetz, Y Hanoch & U Hess, 'Social perception of risk-taking willingness as a function of expressions of emotions', *Frontiers in Psychology*, vol. 12, no, 655314, 2021. <doi: 10.3389/fpsyg.2021.655314>

D Hryshko, MJ Luengo-Prado & BE Sørensen, 'Childhood determinants of risk aversion: The long shadow of compulsory education', *Quantitative Economics*, vol. 2, no. 1, pp. 37–72, 2011. <doi.org/10.3982/QE2>

S McChrystal, *Risk: A User's Guide*, Penguin, 2023.

## 第十章

S Bartlett, 'E246: 7 Life-changing lessons from the longest ever study on health & happiness! Dr. Robert Waldinger', *Diary Of A CEO*, 11 May 2023. <open.spotify.com/episode/6koDsVabKQZiT2aMkLB2zP>

M Browne, *Unf*ck Your Finances*, Orion, 2021.

P Costa, D Pakula & AS Clarke, 'Fuel for the F.I.R.E.: Updating the 4% rule for early retirees', *Vanguard*, June 2021. <corporate.vanguard.com/content/dam/corp/research/pdf/Fuel-for-the-F.I.R.E.-Updating-the-4-rule-for-early-retirees-US-ISGFIRE_062021_Online.pdf>

T Hester, *Work Optional: Retire Early the Non-Penny-Pinching Way*, Hachette, 2019.

A Marjolin, K Muir, M Weier, I Ramia, A Powell, R Reeve, C Connolly, F Salignac & K-A Ho, 'Financial resilience in Australia', *Centre for Social Impact*, December 2018. <csi.edu.au/research/financial-resilience-in-australia/>

V Robin, *Your Money or Your Life*, Penguin, 2008.

R Waldinger & M Schulz, *The Good Life: Lessons from the World's Longest Study on Happiness*, Random House, 2023.

# 中英名詞翻譯對照表

## 人物

### 四至十畫

丹尼爾・吉爾伯特 Daniel Gilbert
丹尼爾・克羅斯比 Daniel Crosby
丹尼爾・品克 Daniel Pink
丹尼爾・海布朗 Daniel Haybron
比爾・柏金斯 Bill Perkins
卡爾・紐波特 Cal Newport
史丹利・麥克里斯托 Stanley McChrystal
史考特・帕普 Scott Pape
尼爾・艾歐 Nir Eyal
布朗妮・維爾 Bronnie Ware
伊莉莎白・鄧恩 Elizabeth Dunn
安東妮雅・凱斯 Antonia Case
安德烈亞斯・摩根森 Andreas Mogensen
艾希莉 威蘭斯 Ashley Whillans
克里斯・古利博 Chris Guillebeau
杜斯妥也夫斯基 Fyodor Dostoevsky
貝瑞・施瓦茨 Barry Schwartz
彼得・辛格 Peter Singer
拉米特・塞西 Ramit Sethi
阿里・阿卜杜 Ali Abdaal
哈爾・赫許菲德 Hal Hershfeld
柯比・布萊恩 Kobe Bryant
約翰與茱莉・高特曼 John and Julie Gottman

紅髮艾德　Ed Sheeran
格倫儂・道爾　Glennon Doyle
桃莉・巴頓　Dolly Parton
馬丁・賽里格曼博士　Dr Martin Seligman
馬雅・安傑洛　Maya Angelou

## 十一畫以上

梅莉莎・布朗　Melissa Browne
莎拉・史卡利—利芙　Sarah Scully-Leaf
莎拉・馬斯　Sarah J. Maas
麥可・諾頓　Michael Norton
凱特・坎貝爾　Kate Campbell
喬恩・雅次莫維茲　Jon Jachimowicz
提摩西・威爾遜　Timothy Wilson
湯雅・海斯特　Tanja Hester
琵豔卡・喬普拉　Priyanka Chopra
奧利佛・柏克曼　Oliver Burkeman
愛比克泰德　Epictetus
愛蓮娜・羅斯福　Eleanor Roosevelt
詹姆斯・克利爾　James Clear
德瑞克・西佛斯　Derek Sivers
摩根・豪瑟　Morgan Housel
歐文・雷斯克　Owen Rask
歐普拉・溫芙蕾　Oprah Winfrey
潔西・J　Jessie J
諾爾・惠特克　Noel Whittaker
薇琪・魯賓　Vicki Robin
羅伯特・沃丁格　Robert Waldinger

## 書籍和文章

《人生4千個禮拜》 *Four Thousand Weeks*

《不被工作綁住的防彈理財計畫》 *Work Optional*

《別把你的錢留到死》 *Die With Zero*

《改變現在的你，迎向未來的你》 *Your Future Self*

《和自己說好，生命裡只留下不後悔的選擇》 *The Top Five Regrets of the Dying*

「美國人的壓力」 *Stress in America* 2002

《後悔的力量》 *The Power of Regret*

《韋氏字典》 *Merriam-Webster Dictionary*

《原子習慣》 *Atomic Habits*

《專注力協定》 *Indistractable*

《深度數位大掃除》 *Digital Minimalism*

《跟錢好好相處》 *Your Money or Your Life*

《讓愛情長久的八場約會》 *Eight Dates*

## 機構

世界經濟論壇 World Economic Forum

先鋒領航投資管理公司 Vanguard

全國債務救助熱線 National Debt Helpline

西農集團 Wesfarmers

金融權利法律中心　Financial Rights Legal Centre
美國心理學會　American Psychological Association
范達資產管理公司　VanEck
澳洲家庭研究所　Australian Institute of Family Studies
澳洲電信　Telstra

**其他**

分析癱瘓　analysis paralysis
太平洋屋脊步道　Pacific Crest Trail
先鋒領航指數表　Vanguard Index Chart
決策幽靈　decision ghosts
阿得雷德　Adelaide
「美麗夢想」歌曲　Wouldn't it be loverly
《窈窕淑女》電影　My Fair Lady
費蓮達山脈　Flinders Ranges
損失規避　loss aversion
群眾外包　crowdsourcing
蓋洛普世界民意調查　Gallup World Poll
標準普爾五百指數　S&P 500 index
藍區快樂共識計畫　Blue Zones Happiness Consensus Project

**BUYING HAPPINESS: LEARN TO INVEST YOUR TIME AND MONEY BETTER by KATE CAMPBELL**
Copyright © Kate Campbell 2023
This edition arranged with Major Street Publishing Pty Ltd through BIG APPLE AGENCY, INC. LABUAN, MALAYSIA.
Traditional Chinese edition copyright: 2024 Zhen Publishing House, a Division of Walkers Cultural Enterprise Ltd.
All rights reserved.

# 用錢買快樂

**找到自己最重視的價值，好好理財，穩穩投資，財富就能幫你買到時間和快樂**

作者　凱特・坎貝爾（Kate Campbell）
譯者　龐元媛
主編　劉偉嘉
校對　魏秋綢
排版　謝宜欣
封面　萬勝安
出版　真文化／遠足文化事業股份有限公司
發行　遠足文化事業股份有限公司（讀書共和國出版集團）
地址　231 新北市新店區民權路 108 之 2 號 9 樓
電話　02-22181417
傳真　02-22181009
Email　service@bookrep.com.tw
郵撥帳號　19504465 遠足文化事業股份有限公司
客服專線　0800221029
法律顧問　華洋法律事務所　蘇文生律師
印刷　成陽印刷股份有限公司
初版　2024年9月
定價　380元
ISBN　978-626-98570-6-7

有著作權，侵害必究

歡迎團體訂購，另有優惠，請洽業務部 (02)2218-1417 分機 1124

**特別聲明：有關本書中的言論內容，不代表本公司／出版集團的立場及意見，由作者自行承擔文責。**

國家圖書館出版品預行編目 (CIP) 資料

用錢買快樂：找到自己最重視的價值，好好理財，穩穩投資，財富就能幫你買到時間和快樂／凱特・坎貝爾（Kate Campbell）著；龐元媛譯. -- 初版. -- 新北市：真文化, 遠足文化事業股份有限公司, 2024.09
面；公分 --（認真職場；32）
譯自：Buying happiness : learn to invest your time and money better
ISBN　978-626-98570-6-7（平裝）
1. CST: 個人理財　2. CST: 投資　3. CST: 快樂
563　　113011116